급하고 강한 바람처럼 1

급하고 강한 바람처럼 1

1986년 12월 10일 초 판 1쇄
2003년 04월 14일 개정판 1쇄
2024년 09월 26일 개정판 8쇄

지은이 | 맬 태 리
옮긴이 | 정운교
펴낸곳 | 하늘기획
발행인 | 이재숭
등록번호 | 제306-2008-17호
주문처 | 하늘유통
주 소 | 경기도 파주시 광탄면 혜음로 883번길 39-32
전 화 | (031) 947-7777
팩 스 | (0505) 365-0691
ISBN | 978-89-88626-986 03230

이 책은 저작권법에 의해 보호를 받는 저작물이므로 무단 전재 및 복제를 금합니다. 잘못 만들어진 책은 구입하신 서점에서 바꾸어 드립니다.

급하고 강한 바람처럼 1
Like a Mighty Wind

멜 태리 지음 | 정운교 옮김

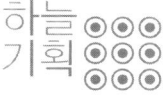

Like a Mighty Wind

ed. by Mel Tari
as told to Cliff Dudley

tr. by
Jeong, Woon Gyo

1993
ⓒ Hanuel Publishing Co.
SEOUL, KOREA

급하고 강한 바람처럼 1
CONTENTS

서문 / 7
역자의 말 / 9
재판(再版)에 붙여 / 11

1. 우리는 하나님을 믿는다 / 15
하나님께서 "가라" 하시다_17 | 하나님의 기적적인 준비하심_19 | 드디어 미국에_22

2. 급하고 강한 바람 / 24
상자 속에 든 능력_26 | 사도행전 2장이 재현되다_28 | 예배의 새로운 형태_33 | 돌발적인 설교_35

3. 세밀하신 하나님 / 37
죽음에 이르는 거짓말_38 | 술도 없고 담배도 없다_39

4. 기적은 언제나 일어난다 / 44
뱀을 집는다_48 | 독약도 해치지 못한다_50 | 깊은 강도 건너가다_52 | 음식에도 기적이_56

5. 하나님의 어린이들 / 60
하나님의 녹음기_63

6. 말씀의 단순성 / 65
미국에서 역사하시는 하나님_67 | 축복하기 원하시는 하나님_72

7. 오늘의 예수님 / 79
무당에게도 간다_80 | 현재의 하나님_82

8. 사망에서 생명으로 / 88
죽은 자가 살아나다_92 | 물이 포도주로 변하다_95

9. 사탄의 능력 / 104
천식이 치료되다_106 | 미국의 커다란 문제점_108 | 미국의 마귀들_109 | 악한 마술과 선한 마술_110 | 조상에 의한 굴레_112

10. 하나님이 우상을 태워버리다 / 115

11. 필요를 채우신다 / 119
정글 속을 비추는 빛_121 | 구름이 양산이 되다_121 | 미국의 잘못된 헌금 방법_122 | 빨지 않아도 희어지는 옷_125

12. 더욱 풍성한 삶 / 128
샘과 강은 다르다_129 | 강물을 체험하다_131

13. 나는 방언을 증오했었다 / 139

14. 새로운 이해 / 152
웨슬레, 빌리 그래함, 그리고 방언_159 | 균형잡힌 그리스도인의 삶_161 | 거짓 사역_164

15. 하나님의 뜻을 아는 법 / 167
하나님이 음성으로 말씀하시다_168 | 환상을 통해 말씀하시다_171 | 꿈을 통해 말씀하시다_173 | 예언으로 말씀하시다_173 | 세미한 음성으로 말씀하시다_174 | 성경을 통해 말씀하시다_175 | 환경을 통해 말씀하시다_175 | 지체간의 교제를 통해서 말씀하시다_176

16. 주 예수의 부르심 / 178
천국이냐 지옥이냐_180 | 사악함에 대한 경고_183 | 의학박사가 되고픈 유혹_185

17. 다시 정글로 / 189
순교자_192 | 다시 정글로_192

18. 성령 세례 받는 법 / 195

서 문

1965년, 거의 성공할 것 같았던 인도네시아 공산주의자들의 구테타가 있기 4일전, 하나님은 잘 알려지지 않은 「티모르」섬의 한 작은 마을에 강권적으로 성령을 부어 주시기 시작했다. 그는 크리스챤들이 깨어 기도하게 했으며 인도네시아는 공산주의자들의 변란에서 기적적으로 구원되었다.

그후 즉시 평신도 전도팀이 구성되었고 「티모르」와 주변의 섬들을 다니며 병자를 치료하고, 죽은 자를 일으키며, 복음을 전파하는 운동이 일어났다. 이 지구상에 최초로 성령이 "급하고 강한 바람처럼" 강림했던 오순절적인 역사가 우리 세대에 재현된 것이었다.

하나님은 이 부흥의 심장부에서 놀라운 기적들을 체험한 한 설교자를 서구로 파송했다. 그는 서구 교회에 결핍된 메세지를 전했다. 그 골자는 "하나님 말씀의 단순성으로 돌아가라"는 것이었다. 이것이 지적(知的)인 그리스도인들도 성령의 역사가 초대교회에 국한된다고 보지 않는 이유이다. 또 이것이 성령 세례를 주장하는 사람들의 근본 원리이다.

멜 태리는 성령은 능력뿐 아니라 사랑과 근신도 가져다 준다고 역설한다(딤후 1:7). 성령이 잘 통제되면 균형과 질서가 있다는 것이다.

우리는 멜 형제를 개인적으로 알게되는 특권을 가졌었다. 우리 중 누구도 이전에 그처럼 온유하고 겸손하며 성령 충만하고 성령에 의해 통제 받는 삶을 사는 하나님의 종을 본 적이 없었다. 참으로 그의 권위 있는 메시지의 이면에는 그의 주님께 대한 깊은 헌신이 드러났으며, 가는 곳마다 삶을 변화시키는 기쁨과 사랑을 주는 그리스도의 빛나는 후광이 있었다.

John Rea, Th. D.
Oak Park, Illinois

역자의 말

내가 이 책을 처음 손에 든 때는 86년 4월이었던 것으로 기억된다. 당시 몇몇 형제들과 성령 연구에 심취해 있었던 나는 막연하게 생각되었던 〈오순절 사건의 현대 실현 가능〉을 생생하게 증언하는 이 책을 읽으며 쾌재를 불렀다.

그렇다!

불의 혀같이 교회에 임한 성령으로 인해 1천여명의 주민들이 양동이에 물을 퍼들고 몰려올 수도 있고, 악취가 풍기던 시체가 살아나 그로 인해 2만 1천여명의 사람이 회심할 수도 있었다. 성경에 기록된 사건들은 오늘날도 재현될 수 있다. 이것이 나의 확신이었다. 진리의 확신에서 오는 희열!

이것보다 귀한 것이 어디 있을까. 벅차 오르는 감동과 기쁨으로 이 책을 3독한 나는 번역을 결심했다. 본문을 충분히 옮길 실력이 있었다기보다는 오순절 신학도로서의 책임감 때문이었다. 학문의 특성이 이성적, 논리적, 객관적이었기 때문인지는 몰라도 신학을 논하는 곳에서 대개 오순절 신학은 코너에 몰린다. 언젠가 신앙계 기자로 복음주의 신학회를 취재하면서 어금니를 깨물었던 기억이 지금도 새롭다.

  번역을 하면서 여러분들에게 기도를 부탁했다. 그동안 기도를 해주셨던 임종표 선교사님의 어머님과 만리현감리교회 안기숙 권사님 그리고 아프리카 중보 기도 모임 지체들과 C.A.M의 후배들에게 감사를 드린다. 아울러 금싸라기 같은 시간을 쪼개준 최영준 형제, 왕혜성 자매 그리고 이 책을 내게 보내준 박양미 선교사와 하늘기획 이재숭 목사님께도 깊은 감사를 드린다.

  아무쪼록 이 책이 독자들에게 성령의 역사가 2천년전 뿐만 아니라 오늘날에도 일어난다는 깊은 확신을 주고 교회마다 평신도 선교 운동이 일어나는데 기여했으면 하는 마음이다. 그러면 우리 하나님께서 가장 기뻐하실 것이다.

학산 기슭에서 역자 씀

재판(再版)에 붙여

"감사로 제사를 드리는 자가 나를 영화롭게 하나니 그 행위를 옳게 하는 자에게 내가 하나님의 구원을 보이리라"(시50:23).

이 책이 많은 사람들에게 읽혀지는 것이 하나님의 뜻이라는 확신으로 번역을 했지만 일반 서점에 배포된지 1개월이 채 못되어 재판을 준비하게 되니 얼마나 감사한지 모르겠다.

여러 독자들의 반응이 매우 고무적이었는데 저자에 대해서 알고 싶어하는 분들이 많았다. 사실 '멜·태리'의 개인적인 이야기는 이 책의 후속편이라 할 수 있는 '급하고 강한 바람 2'(멜·노나태리 저, 정운교 역, 하늘기획 출판사 펴냄)에서 자세히 소개된다. '멜·태리'에 대해서 간략히 소개하면 다음과 같다.

그는 1946년 3월 18일 인도네시아 「티모르」섬의 「니키니키」마을에서 태어났다. 아버지는 국민학교 교장이셨고, 어머니는 신앙심이 깊은 기독교인이었으며, '멜'은 10남매 중 세째였다.

어린시절 그는 「페네」, 산악마을인 「소우」등지에서 자랐고 15세 때에 「티모르」섬의 수도인 항구도시 「쿠팡」에 있는 고등학교에 입학하게 되었다. 고등학교에서 뛰어난 성적을 보인 '멜'은 소련에 보낼 유학생을 물색하던 수카르노 정부에 알려졌고 7년 동안 「모스크바」에 가서 장학생으로 의학이나 전기학을 공부할 수 있는 기회를 얻게 된다.

전도가 양양한 젊은이 '멜·태리'는 「모스크바」로 유학을 떠나기 전에 부모님께 인사를 드리기 위해 고향 마을에 들렸다. 이후의 이야기는 본서의 16장에 기록되어 있다. '멜·태리'가 처음으로 미국에 건너간 때는 1970년 9월 1일로 그의 나이 25세 때였다. 그는 9개월간 미국 순회 강연을 하였고, 아시아, 아프리카, 유럽 등지를 순회하였으며, 1972년 5월 29일 전(前) 무디 성경 연구소 교수였던 '존리'(John Rea) 박사의 딸 '노나리'(Nona Rea) 양과 결혼했다.

그 후 이 젊은 부부는 인도네시아의 「소우」지역으로 돌아가서 7년간 계속되고 있는 부흥 운동에 참여하였고 'The gentle breeze fo Jesus'라는 책을 저술하기 위해 다시 미국에 가기도 하였다.

또 '멜·태리'는 1983년 4월에 '예수전도단'(YWAM)의 초청으로 한국을 방문한 바도 있는데 당시 '예수 전도단'의 한국 대표였던 '데이빗 로스'(David Ross) 목사님과 함께 마포의 공동 생활의 집에서 기숙하며 활동했었다.

그리고 '예수 전도단' 주최로 서울의 명지대학교회, C.C.C. 대강당, 부산의 수영로 교회 등에서 집회를 인도하였다. 그래서 한국의 젊은이들 가운데는 그를 기억하는 사람이 적지 않다.

사실 어떤 사람을 통해 기적이 일어났다는 것만이 중요한 것은 아니다. 오히려 그 기적이 있게 하시는 예수님이 훨씬 중요시되어야 한다. 그러나 우리가 늘 주님을 만나고 접촉하지 못하기 때문에 평범한 한 사람이 주님께 쓰임을 받는 기록을 접하게 되면 큰 위로와 격려를 받는다.

또 그런 기록들은 성경 66권을 정확 무오한 하나님의 말씀으로 믿으며, 사도 시대의 역사가 오늘날도 재현될 수 있다고 믿고 기도하는 사람들에겐 한없는 용기를 준다.

무엇보다도 이 책은 성경도, 구원도, 십자가도, 심지어 하나님까지도 사색과 연구의 대상으로 삼고 의심하고 비판하는 이 세대에 말씀 앞에 단순히 순종하는 믿음의 승리를 증언하는 데 그 가치가 있다.

"가라사대 진실로 너희에게 이르노니 너희가 돌이켜 어린 아이들과 같이 되지 아니하면 결단코 천국에 들어가지 못하리라"(마 18:3).

영산의 강의실에서 역자 씀

우리는 하나님을 믿는다

가공할 크기의 팬암 항공기가 굉음을 발하며 「자카르타」공항의 긴 활주로를 질주하다가 사뿐히 떠올랐다. 내려다보이는 인도네시아의 섬들이 큰 바나나 잎사귀처럼 보인다. 고국을 내려다보며 나의 가슴은 한없이 부풀어 올랐다. 순간 떠오르는 생각은 고향의 오두막집과 정글뿐이었다. 보잘것없는 인도네시아인인 나 '멜치오르·태리'.

이제 미합중국을 향해 날아가고 있다. 나는 주머니에 손을 넣고 친구가 건네준 50센트 동전을 만져 보았다. 동전을 꺼내 나는 전에도 여러번 그랬던 것처럼 동전에 새겨진 글자를 뚫어지게 쳐다보았다.

"우리는 하나님을 믿는다."

나는 생각에 잠겼다. ─ 미국은 지상의 천국이 분명할거야. 정부와 국민이 모두 하나님을 믿고 살아간다. 그리고 돈을 사용할 때마다 하나님을 묵상한다. ─ 고개를 숙이고 기도를 드렸다.

"하나님, 복음의 나라인 미국에 가서 제가 무슨 할 일이 있겠습니까?"

비행기가 점점 높이 치솟았다. 어느새 우리는 구름 위를 날고 있었다. 1967년, 하나님이 나를 부르신 날이 기억났다.

"멜 너는 나를 증거하기 위해 미국에 가게 될 것이다."

"그것은 불가능해요!" 나의 대답이었다. 방법이 없지 않은가.

미국에 갈 돈을 모으려면 내가 평생을 저축해도 모자랄 것이다. 당시 나의 솔직한 심정이었다.

"걱정말아라. 내가 너를 택했으니 내가 가게 할 것이다." 주님의 음성이었다.

인도네시아 부흥이 시작될 때 많은 사람들이 주님께서 우리를 세계로 보내실 것이라는 예언을 받았다. 당시에 우리는 하나님이 누구를 보내실지 몰랐다. 그러나 나는 전도팀에 참여하기 전부터 세계 선교는 참 멋진 일이라고 생각했고 내가 세계로 보냄을 받았다고 믿었다.

이런 나의 교만 때문에 주님은 나를 첫번째 전도팀에서 제외시켰다. 나는 팀원이 42명이 될 때까지 뽑히지 못했다. 하나님은 나의 선교 동기가 순수해지기를 기다리셨다. 나는 하나님께 미친듯이 기도했다. "하나님 왜 나를 선발하지 않으십니까? 내 동생도 뽑혔는데, 그녀는 나보다 훨씬 믿음이 약합니다. 사실 그녀는 나보다 여러모로 부족합니다."

"하나님 한번 비교해 보세요. 다른 사람들보다 훨씬 제가 적격자예요."

주께서 내게 은밀히 말씀하셨다.

"멜, 네 동기가 나쁘다. 너는 나를 섬기겠다고 하면서 정글같이 어려운 곳은 아닙니다 라고 하고 있지 않느냐? 너는 복음보다는 전 세계를 멋지게 다니고 싶은 것이 아니냐? 멜, 나는 너를 쓸 수가 없구나."

결국 나는 나의 이 어리석은 동기를 철저히 회개하였고 3개월 후에 전도팀의 일원으로 선발되었다. 그로부터 2년 후에 하나님은 내게 다시 말씀을 하셨다. "너는 미국에 가게 될 것이다."

그러나 사실 이 때는 인도네시아를 떠나고 싶지 않았다. 특히 선교사들로부터 들은 이야기들이 내 마음을 혼란스럽게 만들었다. 선교사들은 우리 중에 누구든지 미국에 가게 되면 그 사람은 미국 사람들이 즐기는 기름진 음식과 돈, 그리고 승용차와 호화로운 것들에 마음을 빼앗길 것이라고 했다.

수주간 성경을 읽고 기도하면서 나는 내가 미국에 가는 것이 하나님의 계획하심이라는 것을 깨달았다. 나는 조용히 하나님의 인도하심을 기다렸다. 하나님은 내가 1970년도에 미국에 갈 것임을 정확히 알려주셨다. 그 일년쯤 전에 나를 혼란시키는 제안이 들어왔다. 바로 1969년, 미국의 어느 가정에서 비행기 삯과 초청 전보를 보낸 것이었다.

하나님은 분명히 그것을 받지 말라고 하셨다. 나는 그 가족에게 감사의 말과 아울러 지금은 하나님의 때가 아님을 전했다.

"멜, 너는 참 바보로구나."

"네가 미국에 가기 원하는데 돈이 온 것은 하나님께로부터 온 것이야. 너는 그것을 받았어야 했어."

내 친구들의 힐난이었다. 나는 이렇게 대답했다.

"물론 나도 미국에 가고 싶기는 해. 그러나 지금은 하나님의 때가 아니야."

하나님께서 "가라" 하시다

그로부터 1년 후, 주께서 내게 말씀하셨다. "자 지금이 갈 시간이다." 나는 그 음성을 듣고 확인하기 위해서 동료들에게로 갔다. "저를 위해 기도해 주시겠습니까?" 나는 하나님을 잘 믿는 한 자매에게 말했다.

"저는 매우 중요한 일로 하나님의 인도를 받아야 합니다."

"멜, 당신은 무엇을 알고 싶으세요?" 그녀가 물었다. "내용을 말할 수는 없어요. 그것은 자매님이 생각해야 할 일이지요. 만일 당신이 그 일이 좋은 것 같으면 '예' 하시고 그렇지 않으면 '아니오' 라고 하세요. 나는 자매님의 솔직한 의견을 듣기 원합니다."

내가 그녀에게 말했다. "그리고 제가 기도하는 동안 하나님께서 어떤 환상을 보여주셨는지 알려주세요."

하나님은 인도네시아의 여러 사람들에게 환상의 은사를 주셨다. 우리는 그런 사람들에게 가서 하나님의 '텔레비전'을 볼 수 있도록 부탁하곤 했다. 하나님은 그들에게 미래의 일들을 영화처럼 보여 주셨다. 몇 가지 부탁을 하고 나는 기도했다.

"하나님 저는 당신의 인도하심이 필요합니다. 당신이 저에게 말씀하셨던 것을 이 자매가 말할 수 있게 해 주세요. 이미 제게 말씀하셨지만 저는 이 자매를 통해 확인하고 싶습니다."

기도를 마치고 내가 물었다. "하나님이 무엇을 보여 주셨습니까?"

"참 이상한 환상이군요" 자매가 대답했다. "나는 당신이 우리와는 다른 무리들 속에 서 있는 것을 보았습니다. 그 사람들은 흰 피부를 가졌어요. 노란 머리도 많아요. 그들은 눈도 우리와 다르고 남자들의 키가 180cm 가 넘네요. 나는 그들의 말을 알아듣지 못하겠어요. 당신이 매우 이상한 말로 이야기하는 중이군요. 나는 무슨 나라인지 모르겠어요. 그렇지만 하나님께서 저에게 당신이 하는 일은 하나님께서 시키신 일이고 당신이 지금 해야 될 일도 하나님의 뜻이라고 말씀하십니다."

"멜, 이것이 도대체 무슨 일입니까? 저에게 설명 좀 해주세요." 나는 그녀가 환상 중에 본 사람들은 미국인이며 언어는 영어라고 알려 주었다. 그리고 우리는 미국에 갈 것을 확인시켜 준 하나님을 찬양했다.

하나님의 기적적인 준비하심

여러 가지 다른 확인들도 잇따랐다. 우리가 교회에 모여 기도 모임을 마친 어느날 밤 주께서 말씀하셨다. "지금 가라! 내일 모레 출발할 준비를 해라." "오, 주님 불가능합니다." 내가 대답하였다. "저는 그렇게 빨리 돈을 모을 수가 없습니다. 제 주머니에는 동전 한 푼도 없답니다." 그러나 주님은 강하게 말씀하셨다. "가족들과 친구들에게 2일 후에 미국으로 떠난다고 말하여라."

'차라리 말하지 않는 게 좋을 것 같아. 그들은 나를 미쳤다고 하겠지' 내가 속으로 중얼거렸다. 그렇지만 하나님께서 계속해서 말씀하셨기 때문에 나는 복종하였다. "내일 모레 나는 미국으로 간다." 이렇게 선포하였다. 친구들과 가족들의 반응은 예상대로였다.

"멜, 그것은 불가능해, 너 미쳤구나." 친구들이 웃어넘겼다. "멜, 네가 나에게 그 이야기를 해준 것은 고맙지만 다른 사람에게는 말하지 말아라." 아버지의 말씀이었다. "그들은 너를 미쳤다고 생각할까 두렵구나."

첫번째 부딪힌 큰 난관은 티모르 섬의 수도 「쿠팡」까지 가는 일이었다. 「쿠팡」은 내 고향 「소우」에서 112km 가량 떨어진 곳이었다. 「티모르」에 한번 와본 사람이라면 내가 왜 이런 일로 걱정하는지 이해할 것이다. 우리 고장에서 여행은 보통 일이 아니다. 운이 좋으면 정부에서 운행하는 트럭을 탈 수도 있지만 대개의 경우 정글의 오솔길을 걸어야 한다.

그때 주님은 「자카르타」에 거주하던 두 명의 자매님께 내가 도움이 필요한 상태임을 알려주셨다. 그들은 「쿠팡」까지 비행기를 타고 가서 짚차를 세내어 소우 마을로 가 '멜·태리'를 「자카르타」로 데리고 오라는 주님의 명령을 들었다.

"하나님, 멜 형제는 고향에 돌아간지 얼마되지 않았어요. 그런데 당신은 다시 그를 데려오라고 하십니까?" 그녀들은 하나님께 항변했다 (나는 그 얼마 전에 반둥의 선교사 회의에서 강사였었다). 주님은 그들에게 어쨌든 가라고 하셨다. 그래서 그들은 「티모르」까지 800km를 비행했고 거기서 짚차를 세내어 「소우」까지 와서 그 날 밤에 우리 집에 도착했다.

그들은 내게 오더니 이렇게 물었다.

"멜, 당신은 자카르타까지 가려고 합니까?"

"오, 할렐루야! 예 저는 지금 갈 준비를 하고 있습니다." 나는 환호하며 대답했다.

이와 동시에 나는 미국에서 온 전보를 받았다. "당신이 자카르타에 갈 돈이 쿠팡의 은행에 예금되어 있음. 팬암 항공사 카운터에 미국 왕복 여행 티켓이 준비되어 있음."

이 전보는 이름도 들어본 적이 없는 어떤 가족으로부터 온 것이었다. 주님께서 그들에게 말씀하셨다. "인도네시아의 멜·태리가 미국에 오도록 돈을 보내라." 나를 만나본 적도 없는 그들이었지만 주님께 순종하여 돈을 보낸 것이었다. 이렇게 해서 나는 은행에서 「자카르타」에 갈 돈을 찾을 수 있었다. 그러나 본격적인 문제는 「자카르타」에서 일어났다. 바로 비자 문제였다. 내가 미국에 갈 비자를 어떻게 받을 수 있을까? 나에게는 스폰서도 없지 않은가!

미국인 부영사를 찾아갔지만 그는 비자를 내줄 생각도 안했다.

"당신을 누가 초청했습니까?" 그가 물었다.

"주 예수 그리스도요." 내가 대답했다.

"예, 그분은 훌륭한 분이지요." 그가 말했다. "그러나 우리는 그분을 당신의 스폰서로 인정할 수 없습니다."

나는 그날 아침 비자를 받지 못하고 영사관을 떠났다. 점심을 먹고 오랫동안 기도했다. 주께서 다시 영사관으로 비자를 신청하라고 말씀하셨다.

다시 영사관에 가보니 부영사는 없었고 나는 한 여성과 이야기 하게 되었다. 알고보니 그녀가 영사였다.

"당신의 초청자가 누구입니까?" 영사가 물었다.

"주 예수 그리스도입니다." 나는 똑같은 대답을 했다.

아무런 주저함 없이 그녀는 나의 비자를 발급했고 그것을 내게 건내 주었다.

"미국에서는 어떻게 생활하실 겁니까?" 그녀가 물었다.

"주님께서 나의 필요를 채워 주실 겁니다. 그분은 내게 약속하셨습니다." 내가 대답했다.

"오!" 그녀가 놀라는 표정을 짓더니 이렇게 말했다. "당신은 아마 미국에 짐이 될 것 같습니다."

"천만에요, 나는 어떤 미국인에게도 짐이 되지는 않을 것입니다." 내가 대답했다. "주 예수께서 전 세계를 붙들고 계시기 때문에 그분은 분명히 저를 돌보실 것입니다."

이렇게 비자 문제가 해결되었다.

비자를 받고서 나는 이렇게 기도했다. "주님, 당신의 살아 계심을 분명히 증명하셨군요. 그렇지만 주님 당신이 알다시피 저는 영어를 못하지 않습니까?"

"네가 미국에 가면 언어 문제도 내가 책임진다. 만일 네가 미국인들 앞에서 말할 수 없게 된다면 너는 사람들에게 '나의 예수는 실패했다'고 말해도 된다." 주님의 말씀이었다.

드디어 미국에

거대한 제트 엔진의 속도가 줄어들며 "안전 벨트를 꼭 매십시오"라는 불이 들어왔고 스튜어디스의 목소리가 귓전을 울렸다. "승객 여러분, 안전벨트를 꼭 매어주시기 바랍니다. 비행기가 곧 로스엔젤레스 국제 공항에 착륙합니다."

내 영혼은 기쁨으로 충만했다. '미국! 미국! 모든 국민이 하나님을 믿고 사는 나라' 내 머리 속을 맴도는 생각이었다. "오, 주님 저를 이 지상의 천국에 오게 하셔서 감사합니다." 나는 기도했다. "주님, 저에게 이미 나보다 예수를 잘 알고 있는 미국인들에게 할 말을 주시옵소서."

그때까지 나는 주님께서 나를 통해 미국인들에게 자신을 증거하실 것에 대해서는 감도 잡지 못하고 있었다. 고작 나는 영어를 더 잘해야 하고 미국에서의 생활을 위해 돈을 벌어야 한다는 생각 뿐이었다. 나에겐 "우리는 하나님을 믿는다"는 동전의 글자가 사실과는 다르다는 것을 깨달을 필요가 있었다. 나는 너무 흥분해서 비행기에서 내리기조차 힘들었다. 웅장하고 멋지고 산뜻한 빌딩들. 참으로 멋진 곳이었다. 그런데 트랩에서 내려와 공항의 긴 홀을 가로질러서 판매대가 있고 사람들이 앉아 있는 큰 대합실로 걸어 나오면서 나의 머리가 혼란스러워졌다.

"오! 하나님, 이곳은 미국이 아니군요." 나는 경악의 소리를 질렀다. 공항 주변은 사악한 곳이었고 사탄의 무대였다. 어느 곳이나 음란 잡지, 술집들. 더구나 거의 모든 사람들이 담배를 물고 다녔다. "도대체 어떻게 된 일일까?" 나는 어리둥절 하였다.

"오! 하나님, 저를 도우소서."

2
급하고 강한 바람처럼

　나는 당신에게 주님께서 얼마나 생생하게 역사하셨는가를 이야기하고 싶다. 이 이야기를 함께 나누면 당신은 우리 주님께서 마지막 때에도 일하시고 계심을 쉽게 깨닫게 될 것이다. 또 당신은 우리가 살고 있는 현대에도 모든 성경은 사실이고 진리임을 확신할 수 있을 것이다. 종종 사람들은 성경을 '고리타분한 책'이라고 말한다. 그들은 성경에 기록된 일들은 옛날에 일어났던 것들이고 우리 시대에는 적절하지 못하다고 믿는다.
　그러나 나는 성경이 조간신문보다 훨씬 유익한 것임을 증명할 수 있다. 신문은 우리에게 오직 범죄와 전쟁, 지진과 쿠데타 등을 알려준다. 하지만 성경은 우리에게 하나님의 뜻 즉 그의 능력과 사랑과 마음에 관해서 알려준다.
　우리가 성경을 그대로 믿으면 우리의 생활 속에서 우리의 공동체 속에서 2천년 전의 사도 시대와 같이 역사하시는 하나님의 능력을 보게 될 것이다. 인도네시아의 부흥에 대하여 말하기 전에 로마서 15장 16절의 말씀을 보자.

"이 은혜는 곧 나로 이방인을 위하여 그리스도 예수의 일군이 되어 하나님의 복음의 제사장 직무를 하게 하사 이방인을 제물로 드리는 그것이 성령 안에서 거룩하게 되어 받으심직 하게 하려 하심이라."

이 구절에서 바울은 하나님이 그를 부르신 소명에 관해서만이 아니라 그의 사역의 내용까지도 정확히 이야기하고 있다. 그는 이방인을 위해 설교의 사역뿐 아니라 성령의 능력으로 표적과 기사가 동반되는 사역을 하였다(롬 15:18-19). 나는 오늘날도 성령께서 이런 사역이 하나님의 종들의 삶을 통해 이루어지기 원한다고 믿는다.

우리 인도네시아의 교인들도 성령 하나님, 성부 하나님, 성자 예수 그리스도에 관해서 알았다. 성경이 좋은 것임도 알았고 성경 구절도 암송했다. 그렇지만 우리는 바울이 기록한 것같은 성령의 역사는 체험한 적이 없었다. 바울은 매우 명확하게 성령이 이방인들에게 역사하신 말과, 일과, 표적과, 기사의 능력을 기록하였다. 그는 예수의 복음을 선포하기 위해 이곳, 저곳, 이 마을, 저 마을을 다녔다. 바울은 이방인들에게 예수 그리스도를 살아 있는 말씀으로만 아니라 표적과 기사로도 체험시키며 복음을 증거하였다.

성령은 오늘날도 복음을 전하기 위해 거룩한 말씀을 사용하신다. 아울러 우리도 사용하기 원하신다. 또 성령은 우리가 말씀대로 살며, 이적과 기사(奇事)가 우리의 삶에 나타나기 원하신다. 디모데후서 1장 7절에 보면 하나님이 우리에게 주신 것은 두려워하는 마음이 아니요 오직 능력과 사랑과 근신하는 마음이라는 것을 알 수 있다.

성경이 고린도전서 12장에는 각종 은사로 기록되어 있는가 하면 고린도전서 13장에서의 성령은 사랑의 영이다. 그러나 그것이 전부는 아니다. 성령은 '근신하는 마음의 영'이기도 하다. 이 '근신하는 마음'의 희랍어 원뜻은 '훈련' 혹은 '질서'라는 의미이다. 나는 성령은 항상 교회 안에서, 바울이 로마서 15장에서 말한 그런 능력으로 역사한다고 믿는다.

그러나 오늘날 성령의 은사가 우리 가운데 더 이상 약동하지 않는다고 믿는 교회와 성도가 많이 있다. 이 얼마나 슬픈 일인가! 1965년 인도네시아의 부흥이 시작된 이래로 주님은 인도네시아 교회에 성령의 은사를 회복시키셨다. 너무나 감사한 일이다. 많은 사람들이 교회가 오순절 날에 세워졌기 때문에 우리는 더 이상 성령의 은사가 필요없다고 말한다. 이것은 2천년 전의 베드로와 바울의 시대에만 성령의 활동과 역사하심이 '필요'했었다는 이야기이다. 나는 인정할 수 없다. 그들의 주장대로 '필요' 때문이라면 우리가 살고 있는 이 시대는 성령의 역사가 얼마나 더 절실한가!

사단은 그의 때가 얼마 남지 않았으며 예수께서 곧 오시리라는 것을 안다. 그렇기 때문에 지금은 초대 교회 때보다 훨씬 무서운 방법으로 투쟁하는 중인 것이다. 이러한 사탄의 힘과 싸울 수 있는 크리스찬의 유일한 방법은 성령의 능력이라는 것이 나의 믿음이다. 20세기 말의 교회의 유일한 희망은 교회 안에서 성령의 은사들을 다시 약동케 하는 것이다.

상자 속에 든 능력

우리는 이렇게 말한다. "주님, 당신이 성경에서 '너는 그것을 할 수 있다'고 하신 것은 2천년 전의 이야기입니다. 이런 구절들은 아직 교회가 생기기 전의 말씀들이니 지금은 적절하지 않습니다."

오늘날 교인들은 이처럼 성경을 담는 상자를 많이 가지고 있다. 한 상자는 '옛날 이야기'라는 것이며 다른 상자는 성경 말씀이 오늘날에도 일어날 수 있지만 '특별한 환경'에서만 이라는 것이다. 또 '유대인들만'을 위한 말씀이라는 상자도 있다. 그렇게 믿는 사람들은 그 상자 속으로 들어간다.

결국 우리는 성경을 여러 상자 속에 집어넣고 있기 때문에 성경의 메시지와 의미의 대부분을 상실하고 있다. 성경은 단순하며 그 말씀은 오늘날도 우리들을 위한 것이다. 하나님의 말씀은 2,000년 전의 사람들에게나 오늘날의 우리에게나 똑같이 진리이다. 하나님은 말씀이 오늘날도 우리의 생활로 확증되기를 원하신다. 만일 성경의 일부만이 사실이라면 성경은 아무 것도 아니다.

내가 하나님께 감사드리는 것은 부흥이 시작될 때 하나님은 우리가 성경을 단순한 방법으로 보도록 도우셨다는 것이다. 우리 대부분의 사람들이 가진 가장 곤란한 점은 우리는 모든 것을 가슴으로 느끼기보다는 우리의 생각과 두뇌로 계산한다는 것이다. 마가복음 16장 9절에서 20절까지의 표적과 기사(奇士)들을 읽으면서 많은 사람들이 이렇게 말한다. "오, 놀라운 일이군. 그러나 고대의 모든 사본에서 이 구절들이 발견되지 않아. 이 기록이 고대 사본들 전부에서 발견되지 않기 때문에 우리는 이 구절을 성경과는 다르게 취급해야지. 이 말씀들은 일단 뚜껑을 닫아 놓는 것이 좋겠군."

그런가 하면 고린도전서 12장에 관해서는 이렇게 말한다. "바울은 고린도 교회가 매우 작았고 설립 초기 단계였기 때문에 그 말씀들을 기록한 것이야." 또는 이렇게 말한다. "고린도 교인들은 아주 약했고 은사들이 필요했었다. 그러나 오늘날 우리의 교회는 매우 크고 사람도 많다. 따라서 우리에게는 초자연적인 은사가 필요없다." 그리고는 이 고린도전서 12장도 상자에 넣어 버린다.

고린도전서 13장에 대해서는 "오, 그렇습니다. 우리에게 필요한 것은 사랑입니다. 사랑이 최고의 은사지요"라고 호들갑을 떤다. 그러나 고린도전서 14장에 이르면 이 장의 은사들은 별로 중요하지 않다고 단정한다. 사랑을 가지고 있기에 우리는 모든 것을 다 가졌다. 따라서 우리에게 다른 것은 필요치 않다. 그리고는 고린도전서 14장도 상자에 넣어 놓는다.

그러나 성경은 은사를 이런 방법으로 설명하지 않는다. 성경에는 하나님의 영은 능력의 영이요, 사랑의 영이며 또한 질서의 영이라고 기록하고 있다. 성령은 이 세 가지 방법으로 함께 역사한다. 하나님의 영은 결코 능력만, 사랑만, 질서만으로는 역사하지 않으며 고린도전서 12장, 13장, 14장에 기록된 말씀처럼 세 가지가 함께 역사한다. 우리는 성경의 어느 한 장도 뜯어버릴 수 없는 것이다.

사도행전 2장이 재현되다

나는 장로교인이었고 우리는 모든 것을 질서 속에서 행했다. 예배를 드릴 때는 모든 순서가 주보에 기록된 대로 진행된다. 성경 봉독은 목사가 한 구절을 읽고 우리는 다음 구절을 읽으며 교독한다. 우리는 일어설 때와 앉을 때, 찬송할 때와 기도할 때를 잘 알고 있다. 나는 진정으로 우리 교회의 정숙함에 대해 하나님께 감사했고, 고맙게 생각하는 부분이었다.

우리는 서로 사랑했다. 그러나 이 사랑은 사랑의 한 조각일 뿐이었다. 어떤 사람이 나를 보고 웃으면 나도 미소로 응답하였다. 우리는 사람들이 우리에게 호의를 보일 때에 나도 그를 사랑하는 그런 사랑을 배웠다. 나를 사랑치 않는 사람은 나도 사랑하지 않았다. 교회는 냉랭했고 능력이란 전혀 없었다. 부흥이 시작되었을 때 하나님은 우리에게 능력과 사랑과 질서를 깨닫게 해 주셨다.

1965년 9월 26일 밤을 나는 지금도 잘 기억하고 있다. 청년, 장년, 어린이 노인 등 2백여 명의 교인들이 기도하기 위해 교회에 모였다. 기도회 도중에 갑자기 이상한 일이 일어났다. 당신이 성경을 읽어보면 사도행전 2장에서 우리 교회에서 일어난 일들을 발견할 수 있을 것이다. 우리는 사도행전 2장을 옛날 이야기로만 알았었다. 사실 우리 중의 거의 대부분이 사도행전 2장을 알고만 있고 그것을 생활에서 체험해 보지는 못했다.

우리 목사님은 종종 이렇게 말했다. "하나님께서 2천년 전에 교회에 성령을 주셨습니다. 그러므로 교회에 속한 모든 사람은 자동적으로 성령 세례를 받은 것입니다." 그러나 그 날 밤에 하나님은 우리의 눈을 열어 성령 세례가 자동적이 아님을 보게 하셨다.

요한복음 3장 16절은 이렇게 기록하고 있다. "하나님이 세상을 이처럼 사랑하사 독생자를 주셨으니…" 그렇다. 하나님은 독생자를 전 인류에게 주셨다. 그렇지만 이 구절이 세상에 있는 모든 사람이 다 천국에 갈 것이라는 뜻은 아니다. 하나님이 독생자를 전 인류에게 주었을지라도 천국에 갈 모든 사람은 구원을 위해 아들을 영접해야 한다. 성령 세례를 위한 진리도 같은 것이다. 예수님은 예수를 개인적인 구주로 영접하여 그리스도의 몸의 일원이 된 모든 사람에게 성령을 주셨다. 그렇지만 우리는 스스로의 성령 세례를 위해 끝까지 노력해야 하며 예수와의 개인적인 체험을 가져야만 한다. 이것은 자동적인 것이 아니다. 모든 사람은 개인적으로 응답해야만 한다.

그 날 밤에 우리의 눈을 열어 주시고 우리의 마음에 성령 세례를 갈급해 하는 마음을 주신 하나님께 찬양을 드린다. 세례 요한의 말을 우리는 기억하였다. "나는 물로 너희에게 세례를 주거니와 내 뒤에 오시는 이는 너희에게 불과 성령으로 세례를 주시리라". 수십 년 동안 우리는 설교자들에 의해 어리석게 만들어져 있었다. 설교자들은 우리가 2,000년 전에 살았던 사람들의 체험을 믿어야 한다고 가르쳤다.

그러나 주님은 그 날 밤에 우리의 마음에 기독교는 타인의 경험에 의지하는 것이 아니라고 말씀하셨다. 그것은 살아 계신 하나님과의 개인적인 체험이었다. 이런 체험을 허락하신 예수님께 감사를 드린다. 그 날 밤, 우리가 함께 기도하는 중에 성경에 기록된 오순절 날처럼 갑자기 성령이 강림하였다. 사도행전 2장을 보면 성령이 급하고 강한 바람처럼 임했다고 기록되어 있다.

나는 내 여동생 뒤에 앉아 있다가 급하고 강한 소리를 들었다. 그것은 작은 회오리바람 소리 같았다. 주위를 둘러보아도 아무것도 없었다. 나는 내 여동생의 등을 두드렸다.

"너 이상한 소리 못 들었니?"

"응, 나도 들었어."

"그렇지만 잊어버리고 기도하자 오빠."

그녀는 기도를 시작했다. 그와 동시에 내 귀에는 여러 사람이 한꺼번에 기도를 시작하는 소리가 들렸다. 여러분은 우리 교회가 엄격한 질서 속에서 항상 한 사람의 기도가 끝난 다음에 다음 사람이 기도하는 식으로 기도회를 해왔다는 것을 이해해야 한다. 교회에서 어떤 사람이 기도하려면 그 사람 앞에 적혀있는 기도문이면 충분했다. 만일 여러 사람이 기도를 하게 되면 우리는 전체 기도자의 기도문을 작성해야 된다.

그러나 그 날 밤은 모든 교인들이 기도문과 대표기도자의 기도 순서도 잊어버리고 영으로 기도하기 시작했다. 처음에는 한 사람, 두 사람

시작되어서 내가 알게 되었을 때는 전 교인이 동시에 기도를 시작한 것이었다.

"오, 예수님. 우리 교회가 이상해졌습니다. 교인들의 기도에 질서가 없어졌습니다." 당황한 내가 엉겁결에 한 말이었다.

모든 사람들이 기도하는 중에 나는 목사님을 쳐다보았다. 걱정스러운 기색이 얼굴에 역력히 나타나 있었다. 목사님은 교회 앞의 단상에 앉아 계셨는데 갑자기 이상해진 2백여 명의 교인들을 어떻게 다루어야 할지 모르고 계셨다. 목사님도 역시 급하고 강한 바람 소리를 들었다. 나는 재차 주변을 둘러보았으나 움직이는 것은 없었다. 오직 소리뿐이었다.

그때 화재 비상벨이 급하게 울렸다. 교회 맞은 편에 위치한 파출소의 비상벨 소리였다. 파출소의 한 경찰관이 우리 교회가 불타는 것을 보고 마을 사람들에게 화재 발생을 알리는 비상벨을 누른 것이었다. 인도네시아 특히 티모르에는 소방차가 없다. 화재 비상벨이 울리면 사람들은 불이 난 것을 알게 되고 각 마을에서 물 양동이와 불 끄는 도구들을 가지고 몰려온다.

사람들이 교회로 몰려왔을 때 붉은 불길은 보였으나 교회는 불타지 않았다. 자연의 불이 아니라 하나님의 불이었기 때문이었다. 이 일로 인해서 많은 사람들이 예수를 구주로 영접했으며 성령 세례도 받았다.

물론 우리는 장로교인 이었기 때문에 "성령 세례", "성령 충만"이라는 말과는 친숙하지 못하다. 이런 말은 우리에게 아주 생소한 것이었다. 그러나 주님은 우리의 눈을 열어서 "성령 세례"와 "성령 충만"은 우리의 삶에서 경험되어야 한다는 것을 보여 주셨다. 그리고 이런 경험들은 2,000년 전의 오순절 경험에 의지할 수는 없는 것이라고 말씀하셨다.

예를 들어 보자. 어느 날 당신이 어떤 여성과 사랑에 빠졌다고 하자. 그리고 당신의 아버지가 물었다.

"얘야, 너에게 사랑하는 사람이 생겼구나?"

"예, 아버지 저는 이웃집의 자매를 사랑하게 되었어요. 그녀와 올 여름에 결혼하고 싶어요." 당신이 대답했다.

이 때에 당신의 아버지가 "그건 안돼. 네 아버지와 어머니가 25년 전에 결혼했지 않느냐? 너는 우리 부부의 경험을 의지해서 네 마음으로 네가 결혼했다고 믿으면 된다"고 말했다면 ….
당신은 아버지의 이런 어리석은 말에 동의 할 수 있겠는가? 당신은 아마 이렇게 말할 것이다.

"아버지, 아버지가 수백 번 결혼하셨다고 해도 저의 결혼은 아닙니다. 제가 원하는 것은 제 자신의 결혼입니다. 아버지가 아버지의 결혼을 이야기하면 할수록 저는 더 결혼하고 싶어집니다. 아버지의 결혼이 멋지면 멋질수록 저도 빨리 결혼하고 싶어진단 말입니다." 우리가 부모님의 경험을 의지할 수 없으며 우리 자신의 경험이 있어야 한다는 것은 당연한 진리이다.

나는 이러한 예가 예수 그리스도 안에서 구원의 경우 뿐 아니라 성령 세례의 경우에도 적용된다고 믿는다. 당신은 요한이나 베드로 혹은 성경에 기록된 다른 사람의 경험을 의지할 수는 없다. 그들의 경험은 정말 굉장했었다! 그렇지만 우리에게는 우리 자신의 경험이 필요하다. 안타깝게도 너무나 많은 사람들이 요한이나 베드로의 경험에 만족하고 있다. 이런 사람들은 아버지가 결혼했기 때문에 자신이 결혼하지 않고도 만족할 수 있는 젊은 청년과 같다. 많은 사람들이 성령 충만하지 못하므로 기쁨과 사랑과 능력을 상실하고 있다는 사실을 깨닫지도 못하고 지내고 있다.

예배의 새로운 형태

주님께서는 그 날 밤에 우리의 무지를 깨우치셨고 성령은 강력한 방법으로 역사하셨다. 나는 교회의 뒷자리에 앉았었기 때문에 교회 전체에서 일어나는 일을 전부 볼 수 있었다. 갑자기 나보다 몇 자리 앞에 앉아 있던 한 자매가 일어나더니 양손을 높이 쳐들었다. "주님, 이 자매가 교회의 질서를 깨뜨리고 있습니다." 내가 중얼거렸다.

우리는 교회에서 손을 쳐드는 것을 허용하지 않는다. 교인들이 교회에 출석하면 손을 모으고 기도를 드리고 거룩한 표정과 자세로 앉아 있는다. 그런데 그 날 밤에 그녀는 일어섰을 뿐만 아니라 손까지 들어 올렸다.

"주님, 이 자매가 잘못을 범하고 있습니다." 어떤 사람들이 말했다.
"거룩한 예배당에서 손을 치켜들다니."
"이런 것은 우리 장로교식이 아니야."
그때 주님은 나에게 성경 말씀을 기억나게 하셨다.
"거룩한 성소에서 네 손을 들어라."(시편 28:2).

'아, 그렇구나. 이 자매는 우리 교회의 예배 방식을 따르는 것은 아니지만 성경의 방식대로 맞는 것이구나, 그래, 이 자매가 성경에 위배되지 않으니까 계속 내버려 두어야지' 나의 생각이었다.

강단에 앉아 계시던 두 분 목사님은 어찌된 일인지 몰라서 매우 놀라고 있었다. 곧 모든 교인들이 손을 들고 주님께 찬양을 드리기 시작했다. 그때까지 나는 어리둥절했었다. 여동생을 돌아다 보았다. 그녀도 역시 손을 들고 주님을 찬양하고 있었다. 맨 처음 손을 들었던 자매는 내가 아는 분이었다. 그분은 우리나라 전역에서 사용되는 공식적인 인도네시아어조차 알지 못하는 문맹인 여자였다. 그녀는 오직 티모르 부족어만 알아듣고 말하는 정도였다.

그러니 그녀가 단 한마디의 영어도 알지 못한다는 것은 당연하였다. 나는 학교에서 영어를 공부했기 때문에 영어를 조금은 알고 있었다. 그런데 놀랍게도 이 여인이 매우 유창하고 완벽한 영어로 기도하기 시작했다.

"Oh, Jesus! I Love you. Oh, I want to take the cross and follow you. Oh, I Love you. Jesus…"

이렇게 계속해서 크고 자신 있는 영어로 주님께 기도했다.

우리 교회의 두 분 목사님도 영어를 한마디도 모르는 분이었기에 이 자매가 술이 취한 것으로 생각했다. 두 분은 강단에서 뛰어내려와 이렇게 소리쳤다. "오, 주님 이것이 당신께로부터 온 것이 아니면 사탄에게로 온 것 인줄 압니다. 만일 사탄이 이 술취한 소리를 낸다면 제발 주님께서 중지시켜 주십시오" 그러나 그 분들이 기도하면 할수록 성령은 더욱 강하게 역사하셨다.

이번에는 그 자매의 반대편에서 한 남자가 독일어로 기도하기 시작하였다. 그분도 일어서서 주님께 경배하고 찬양을 드리는데 매우 아름답고 고운 언어를 사용했다. 그리고는 전 교인이 일어나서 다른 언어로 주님께 경배하기 시작했다. 그 밤의 예배는 하늘나라가 이 땅에 임한 아주 멋진 예배였다. 어떤 사람들은 불어로 찬양했고, 어떤 사람들은 다른 지방 방언들로 기도하고 찬송했다. 한 여인은 자기가 히브리어를 말하고 있는 줄도 모르며 "샬롬!", "샬롬"을 외치고 다녔다.

교회 밖에서 불을 끌려고 양동이에 물을 담아 가지고 달려왔던 수많은 사람들이 우리의 기도 소리를 듣고 웅성거렸다.

"이 교회 사람들이 정신이 돌았는가?"

"전혀 듣지 못했던 이상한 소리를 지껄여대고 전과 달리 아주 큰 소리로 기도하고 있다."

사람들은 호기심에 가득 차 교회로 밀려들었고 잠깐 동안에 우리 교회는 여러 마을에서 온 천명 이상의 주민들로 가득 찼다. 성령이 일하시기 시작했다. 교회로 들어온 사람들이 죄를 회개하고 예수를 구주로 영접했다. 그들은 통회하였고 집으로 달려가서 마법 도구들, 주물(呪物)들, 점성술 기구들, 음란 서적, 꿈 해몽책 등을 모두 가져와서 교회의 뒷마당에 모아 놓고 불태웠다. 누가 설교를 하지도 않았다. 오직 성령이 그의 방법으로 역사하였다.

그런 열기 속에 집회는 한밤중까지 계속되었다. 주님께서 한 사람 한 사람에게 단점들과 죄들을 세밀하게 알려 주시기 시작했다. 사람들이 하나님께서 자신들에게 잘못을 지적하신 것을 고백하자 그곳에 모인 많은 사람들이 마음에 큰 찔림을 받았다. 하나님은 우리의 삶에서 작은 잘못도 바로잡아 주시는 너무나 세밀하신 분이셨다!

돌발적인 설교

갑자기 한 형제가 하나님 말씀을 선포하는 강단에 등장했다. 이것은 파격적인 일이었다. 평신도는 강단에 서지 못한다. 그 장소는 목사와 장로를 위한 장소일 뿐이다. 그런데 그 형제는 의젓하게 강단에 서서 성경을 펼쳤다. 나는 그 형제가 바로 며칠 전에 회심한 사람임을 알고는 속으로 쓴웃음을 지었다.

"오, 불쌍한 형제여. 회개하자마자 설교하려고 하다니. 당신은 미쳤음에 틀림없구려." 나는 이렇게 중얼거렸다.

그러나 그 형제는 나의 걱정에는 아랑곳하지 않고 성경을 펼치고 입을 열었다. "형제 자매 여러분, 주님께서 저에게 말씀하시길 오늘의 이 역사는 성령께서 하신 것이라고 하셨습니다." 그리고는 사도행전 2장 17절을 읽기 시작했다. "하나님이 가라사대 말세에 내가 내 영으로 모든 육체에게 부어 주리니 너희의 자녀들은 예언할 것이요 너희의 젊은이들은 환상을 보고 너희의 늙은이들은 꿈을 꾸리라." 이 구절을 다 읽고서 그는 설교를 시작했다.

한 30분 정도의 설교가 끝난 후에 주님은 그를 통해서 내일은 우리 평신도들이 나가서 복음을 전할 것이라는 말씀을 주셨다. 그때까지 나는 조용히 있었다. 그런데 더 이상 참을 수가 없었다.

"참 믿을 수 없는 소리를 하는군"

"어떻게 평신도가 복음을 전하러 간다고 하는가?"

"우리는 신학교도 성경학교도 다녀본 적이 없고 회심한지 얼마 되지도 않았는데 복음을 전한다니…."

"도저히 불가능한 이야기야."

"멜 형제" 이 사람이 대답했다. "주님은 내게 말씀하시길 복음 전파는 모든 그리스도인의 의무이며 평신도가 복음을 전하러 가는 것은 당연하다고 하셨소."

"복음을 전하는 일은 목사나 전도사 그리고 장로들의 일만이 아니요. 모든 크리스챤은 예수 그리스도를 전하는 편지인 셈이요."

나는 지금은 나의 생각이 잘못이었던 것으로 믿고 있다. 그러나 당시에는 그 형제가 잘못인 것으로 생각했다. 이런 그릇된 관념들이 교회들을 침체시켰다. 우리는 오랫동안 말씀을 단순하게 믿는 믿음을 완전히 상실하고 계산적인 머리로 교회에 앉아 있었기 때문에 아무 일도 할 수 없었던 것이다. 나는 그 날 밤 "너는 내일 복음을 전하러 나가야만 한다"고 깨우쳐 주신 주님께 깊은 감사를 드린다. 그 날 이후 3개월만에 우리 교회에는 이 마을 저 마을로 복음을 전하러 다니는 평신도 모임이 70개나 생겼다. 그리고 우리의 발길이 닿는 곳마다 이적과 기사(奇事)가 뒤따랐고 이들을 통해 인도네시아 부흥이 시작되었던 것이다.

3
세밀하신 하나님

우리 교회에 성령의 은혜가 퍼부어지는 동안에 하나님은 우리의 죄를 매우 개인적으로 다루셨다. 많은 사람들의 죄가 하나님이 주시는 말씀에 의해 드러나게 되었다. 어느 날 밤 한 여인이 교인 중의 어떤 남자에게 말했다. "형제님, 주님은 당신이 간음한 것을 회개하라고 하십니다. 형제님은 그 죄를 주님께 고백하고 용서받지 않았습니다." 함께 앉아 있던 그 남자의 부인이 몹시 흥분하였다.

"이제야 당신의 비밀을 알게 되었군요" "아니 무슨 말이야? 나는 그런 사실이 없어요." 그 남자가 힘주어 말했다. "그런 사실이 없다니요?" 하나님의 말씀을 전한 여인이 말했다. "저는 당신에게 아주 상세히 말할 수도 있습니다." 그리고 그 여인은 정확한 날짜, 장소, 상대 여인의 이름을 종이에 썼다. "이래도 당신은 회개하지 않겠습니까?"
결국 이 남자는 하나님의 영에 의해 항복하였고 자신의 죄를 낱낱이 고백하였다. 옆에 있던 그 남자의 부인이 계속해서 흥분하며 화를 내자 하나님은 다른 사람을 통해서 부인의 죄도 지적해 주었다. 부인도 역시 죄를 회개하기 시작했다. 그 날 밤에 우리 교회의 전 교인들이 자신들의 은밀한 죄들을 다 고백하였다. 그리고 주님은 우리의 삶에 나타난 모든 죄를 깨끗케 하셔서 주를 위한 봉사에 준비되게 만드셨다.

또 어떤 사람들은 집에 부적을 숨겨 놓고는 끝까지 그것을 고백하지 않으려 하였다. 주님은 교회의 형제들에게 정확하게 어느 집, 어느 장소에 주물(呪物)이 있는지를 말씀하셨다. 사람들은 꼼짝없이 회개하였고 부적을 가져와 태웠다. 이러한 방법으로 주님은 우리에게 사탄의 능력에 대한 교훈을 주셨다. 사실 그동안 많은 사람들이 사탄의 권세를 깨닫지도 못하고 그의 노예가 되어 있었던 것이다.

죽음에 이르는 거짓말

교인들 중에 한 형제가 '너희 집에 술이 숨겨져 있다'는 지적을 받았다. "무슨 소리야! 우리 집 어디에 술이 있단 말이야?" 그는 회개를 거부하며 말했다. 주님은 교인들에게 만일 그 형제가 24시간 내에 회개하지 않으면 죽을 것이라는 말씀을 주셨다. 그래서 교인들은 그 형제에게 회개하지 않으면 24시간 내에 목숨을 잃게 된다고 말했다. 다음날 집회에 그 형제가 참석했을 때 그는 회개해야 할 시간이 한 시간밖에 없다는 경고를 받았다.

"만일 회개하지 않으면 당신은 죽을 것입니다."

"상관없어요. 우리 집에는 술이 없으니까요." 그가 고집했다. "형제님, 이제 30분 밖에 남지 않았어요." 교인들이 안타까운 표정으로 말했다. "아니 여러분 미쳤습니까? 나는 더 이상 회개할 것이 없어요." 그는 계속해서 우겨댔다. 5분의 시간이 남았을 때 교인들은 다시 한번 그에게 안타까운 호소를 하였으나 그는 계속 고집할 뿐이었다. "웃기지 말아요. 나는 어떤 숨겨진 죄도 없는 사람이오."

"제발 형제님" 교인들은 그에게 애걸했다. "죄를 회개하세요" 그때는 30초가 남았었다. "젠장 나에게 그 이야기는 더 이상 하지 마시오. 이젠 넌더리가 나요" 그가 마지막 한 말이었다. 몇몇 교인들이 간청하는 동안에 다른 교인들은 시간을 세기 시작했다. 9초, 8초, 7초, … 3초, 2초, 1초. 그 사람은 고꾸라져 죽었다. 잠시 침묵이 흘렀다. 그리고는 그때까지 자신들의 죄를 빛 가운데 드러내길 거부하고 있던 사람들의 입에서 용서를 구하는 회개의 기도가 터져 나왔다.

인도네시아 부흥의 특징 중 하나가 회개였다. 주님은 우리가 사단의 권세에서 완전히 해방되어 거룩하게 살 수 있도록 우리의 마음이 청결해지기를 원하셨다. 우리는 주님께 용서를 구했고 상처받은 마음들을 치유해 달라고 기도했다. 과거의 모든 사단과의 관계를 끊었다. 이후에 하나님은 우리에게 복음을 전할 수 있게 하셨다. 복음을 전하러 나갈 때 우리는 하나님의 능력이 우리와 함께 역사하심을 역력히 볼 수 있었다.

술도 없고 담배도 없다

인도네시아에 부흥이 일어나면서 회개한 사람들에게 하나님께서 지시하신 첫번째 일 중의 하나가 금주, 금연이었다. 한국인들에게도 금주, 금연 문제는 간단한 일이 아닌 줄로 안다. 금주 문제로 고민하는 한국의 형제나 자매가 있다면 나는 이런 도전을 즈고 싶다. 당신이 만일 우리 마을 티모르의 「소우」에 온다면 그리고 만일 술을 한 잔이라도 찾아낸다면 나는 놀라 자빠질 것이다. 주님은 우리를 놀랍게 변화시켰다. 「소우」의 사람들은 크리스챤의 삶이 하나님의 능력이 넘쳐 나는 삶뿐만 아니라 성결한 삶이어야 한다는 것을 잘 알고 있다.

성경의 시편 29편 2절에 보면 이런 말씀이 있다. "여호와의 이름에 합당한 영광을 돌리며 거룩한 옷을 입고 여호와께 경배할찌어다" 커다란 비극 중의 하나는 많은 사람들이 죄 가운데 있으면서 하나님의 능력을 원한다는 사실이다. 어느 날 저녁에 한 청년이 나를 찾아왔다. 자신이 하나님의 능력을 받도록 기도해 달라는 용건이었다. 나는 그 형제가 아직 담배를 피우고 있음을 알고 있었다.

"형제님, 기도해 드리는 것은 쉽습니다. 그렇지만 형제님 자신이 능력을 받기에 합당한 사람인가를 생각해 보세요." 내가 조용히 말해 주었다. "예, 저는 저의 모든 죄를 회개했습니다." 청년이 자신 있게 대답했다. "좋습니다. 그렇지만 당시의 보우트 문제는 어떻습니까?" 보우트란 말은 담배를 지칭하는 말이다. 바다에서 통통배가 굴뚝에서 연기를 뿜으며 다가오는 것을 연상해 보라. 그 보우트의 모습이 담배 피우는 것과 비슷하기에 우리는 담배를 속어로 '보우트'라고 부른다.

"만일 형제님이 주 예수님께 지저분한 굴뚝을 보여 드리기 원한다면 함께 기도할 수 있지요." 나는 그 청년을 쳐다보며 말했다. "더욱이 하나님은 거룩하신 분이시고 형제님의 몸은 하나님의 성전입니다. 성령께서 형제님의 몸에 충만히 거하시기 원하신다고 해도 그분은 연기 때문에 질식하기는 원치 않을 것입니다." "멜 형제님" 그가 반박을 시작했다. "흡연은 죄가 아닙니다. 당신은 이 문제를 너무 크게 말하시는군요. 디모데전서 4장 4절과 5절에 보면 하나님이 지으신 모든 것이 선하다고 했습니다."

"예…" 나는 우물거릴 수밖에 없었다. – 가끔은 사탄이 빌리 그래함보다 설교를 잘한다 – 그리고 그 형제는 신이 나서 나에게 계속해서 설교하기 시작했다. "그리고 디모데전서 4장 3절에서 5절 말씀에 보면 '식물은 하나님이 지으신 바니 믿는 자들과 진리를 아는 자들이 감사함으로 받을 것이니라' 하셨고 '하나님이 지으신 모든 것이 선하매 감사함으로 받으면 버릴 것이 없나니 하나님의 말씀과 기도로 거룩하여 짐이니라' 하셨습니다. 이 담배도 하나님이 창조하셨지요. 그러니까 제가 감사함으로 피우면 아무 문제가 없지 않습니까? 하나님 말씀에 그렇게 기록되어 있으니까요."

"예, 맞는 말씀입니다." 나는 일단 수긍할 수밖에 없었다. "듣고 보니 그렇군요. 내일 다시 한번 찾아오시면 좋겠습니다. 여러 가지 말씀을 함께 나누고 싶습니다." 그리고 우리는 서로 헤어졌다.

그 날 밤에 나는 잠을 이룰 수 없었다. 주님께 간절히 기도했다. "주님, 제가 한 청년을 올바로 인도하고자 하는데 그 형제가 하나님의 말씀으로 자신을 합리화시키고 있습니다. 그가 말하기를 '하나님이 지으신 모든 것이 선하다' 는 말씀이 있으니 자신의 흡연은 정당하다고 합니다. 저에게 그 형제의 잘못을 가르쳐 줄 지혜를 알려 주십시오." 주님은 이렇게 말씀하셨다. "지금은 자는 것이 좋다. 내일 아침에 그 형제에게 할 말을 알려 주겠다."

그 다음날 아침에 주님이 말씀하셨다. "저 소나무 밑에 가 보아라. 거기에 어떤 것이 있을 것이다." 그곳에 가보니 개밥이 그릇에 담겨 있었다. "그 개 밥그릇이 오늘 찾아올 형제를 위한 교훈이다." 나는 집에서 그 청년을 기다렸다. 그 형제가 왔다. "멜 형제님, 좋은 말씀이 생각나셨습니까?" "예, 형제님께 아주 좋은 소식이 있지요." 내가 웃으면서 대답했다.

"함께 가 보실 장소가 있습니다." 우리는 함께 소나무 밑으로 갔다. 그 형제는 내가 그에게 해 뜨는 광경을 보여 주려는 줄로 생각하였다. 그러나 나는 그에게 경치를 보여 줄 생각은 아니었다. 우리는 함께 소나무 곁에 서 있게 되었다. "여기서 잠시 쉽시다. 이야기하고 싶은 것이 있습니다." 내가 운을 띠었다. "형제님, 아직도 하나님이 지으신 모든 것이 선하며 우리가 감사하므로 받으면 버릴 것이 없다고 생각하시지요." "예, 물론이지요." 그가 힘주어 대답했다.

"예, 좋습니다. 함께 기도합시다." 그가 어리둥절해 하는 사이에 나는 그 형제의 어깨에 손을 얹었고 기도를 시작했다. "사랑하는 주 예수님, 저는 이 세상의 모든 것이 하나님이 지으신 거룩한 것이라는 훌륭한 원칙을 가진 형제와 함께 기도를 드립니다. 또한 주님을 경외하며 하나님이 창조한 모든 것을 받아들이는 이 형제로 인해 감사를 드립니다. 원하옵기는 주께서 지금 이곳의 모든 것을 거룩하게 하셔서 이 형제가 어느 것이나 즐겁게 받게 하옵소서. 아멘."

기도가 끝나자 그 형제는 내가 바나나 혹은 주머니 속의 과일이나 꺼내 줄줄 알았던 모양이다. "형제님, 나는 형제님이 스스로 한 말을 입증해 주시기 바랍니다. 형제님은 방금 이곳의 모든 것을 거룩케 하는 저의 기도를 들으셨습니다. 그러니까 형제님은 기도로 말미암아 이곳의 모든 것이 깨끗하게 되었음을 믿으시지요?" 그는 무슨 일이 전개될지도 모르면서 고개를 끄덕였다.

나는 웃으면서 개 죽을 한 숟가락 떠서 그 형제의 입으로 가져갔다. "형제님, 이것을 맛있게 드시겠습니까?" (내 생각에 한 1인치 정도까지 가져갔던 것 같다) 그는 일그러진 표정으로 나를 쳐다보았다. "멜 형제님, 당신은 참 짓궂은 사람이군요." "아니요, 이것은 장난이 아닙니다." 나는 정색을 하고 말했다. 그리고 내가 숟가락을 조금 더 가까이 가져가자 그는 비명을 질렀다. "아니, 제발 치워 주세요." "형제님 당신의 원칙을 지키셔야지요." 나는 엄한 표정을 지었다.

"하나님이 창조하신 모든 것이 선합니다. 형제님은 저의 기도가 충분치 못했다고 생각합니까?" 그는 고개를 떨구었다. "멜 형제님, 죄송합니다. 제가 성경을 잘못 알았습니다." 이처럼 많은 경우에 우리는 그릇된 말씀의 기반에 서 있다. 예수님은 우리가 거룩한 백성이기를 원하신다. 우리는 거룩한 나라에 속해 있다. 그리고 거룩의 의미는 '거룩함' 그 이상도 이하도 아니다. 우리에게 거룩한 삶을 살 수 있게 해주시는 예수님과 성령께 감사를 드린다.

4
기적은 언제나 일어난다

하나님은 우리 전도 팀을 통하여 많은 기적들을 행하심으로 자신이 초대교회 때와 마찬가지로 오늘날도 능력이 있음을 증명하셨다. 전도팀에는 아주 재미있는 일화가 있다. 전도팀이 어떤 마을에 복음을 전하러 갔는데 그 마을에는 토착신을 섬기는 제사장이 있었다. 물론 그들의 경전은 성경과는 다르다. 그렇지만 그 경전에는 여러 가지 이적의 기록과 신의 강림 등도 기록하고 있었다. 그들은 그 경전에 의해 예배를 드렸던 것이다.

"만일 우리에게 예수 신을 전하고 싶다면 예수가 우리 신보다 강하다는 것을 증명해 보아라." 토착신 제사장이 으쓱대며 말했다.

전도팀은 어찌해야 될지를 몰라 모여서 함께 기도했다. 주께서 전도팀에 말씀하셨다. "이 마을 사람들에게 하나님이 토착신이나 마귀보다 더 능력이 있다는 것을 보고 싶으면 한 곳에 모이라고 하여라. 내가 나 자신을 증거 하리라." 전도자들이 토착신 제사장 중에 우두머리에게 말했다. "마을 사람들을 다 모이라고 해라. 하나님과 너희 신 중에 누가 더 센가를 보게 될 것이다." 그 대제사장은 매우 흥분하였다. 그는 정말 하나님이 자신을 증명할 것인가에 대해 아주 흥미가 있어 보였다.

 1천여명의 마을 사람들이 모여들었고 대제사장이 무리 가운데 서 있었다. 전도팀은 그 맞은 편에 자리를 잡았다. 전도자들이 손을 들고 하나님께 기도했다.

 "하나님, 주께서 저희에게 복음을 전하라고 명하셨습니다. 성경은 믿는 자에게는 많은 표적이 따르며 예수 이름으로 귀신을 쫓아 낼 것이라고 하였습니다. 하나님 아버지, 여기에 모인 사람들은 주님이 그들의 신보다 강하다는 것을 보여주기 바라고 있습니다. 지금 우리가 예수의 이름으로 오랫동안 이 마을과 주민들을 지배했던 사단의 권세를 묶고 쫓아버립니다. 갈보리에서 흘리신 예수의 피에 의지해서 예수 이름으로 명하노니 사탄은 떠나갈지어다!"

 이 간단한 기도 후에 그들은 "아멘"하였다. 그리고 하나님께서 역사하실 것을 믿고 기다렸다.

 이런 식의 삶이 크리스챤의 단순성이다. 크리스챤의 삶이 복잡한 것이라면 이방인들은 결코 그리스도인이 될 수 없을 것이다. 성경이 어떤 것을 기록했으면 우리는 그것을 받아들이고 믿어야 한다. 그 후에는 하나님께서 일하신다. 너무나도 쉬운 복음을 주신 예수님께 찬양을 드린다. 우리는 종종 복음을 무시한다.

 대개의 사람들은 마가복음 16장을 읽으면서 '어떤 사본에는 9~20절까지 없음'이란 말을 가지고 의문을 품기 시작한다. 그래서 우리는 이 부분을 무시하고 그 구절의 하나님 말씀은 신뢰하지 않는다. 10년 동안이나 이 말씀을 연구하면서 우리들은 이렇게 말했었다. "야 - 아, 어떤 사본에는 9~20절이 있지만 어떤 사본에는 없는 것이니까 우리는 이 구절을 믿기 전에 좀더 심사숙고해야만 하겠다."

인도네시아인들은 이 말씀을 의심할 만큼 날카롭지 못했다. 선교사들은 우리에게 검은 성경을 보여 주며 모든 성경은 하나님의 말씀이며 그 말씀들은 모두 믿어야 한다고 말했다. 그래서 우리는 성경을 모두 믿었다. 우리가 우직하게 성경을 믿었기 때문에 하나님은 그의 영광을 위해 우리의 우직함을 사용하셨다. 그리고 그의 능력으로 성경이 진리임을 입증하셨다.

나는 미국의 어떤 신학자들이 이 구절에 대해 왈가왈부 할지라도 우리 인도네시아인들은 마가복음 16장의 모든 말씀들을 성령의 능력을 통해 체험하였음을 분명히 말할 수 있다. "저희가 내 이름으로 귀신을 쫓아내며"라고 기록된 말씀은 능력 있는 진리의 말씀이다. 이방신 제사장과 마을 주민들에게 둘러싸여 있던 우리 전도팀이 신학자들이 말한 것을 생각조차 안하고 예수님 말씀을 그대로 믿었던 것은 정말 유쾌한 일이었다.

전도팀은 그곳에 앉아서 주님을 찬양하며 서로를 쳐다보며 미소를 지었다. 갑자기 토착신 제사장의 우두머리가 덜덜 떨기 시작했다. 그리고는 울기 시작했다. "여러 선생님들, 나는 여러분의 신 예수를 믿고 싶습니다." 그것은 갑작스런 변화여서 우리들은 어리둥절해졌다. 결국 궁금해진 마을 사람들이 물어보았다.

"왜 그렇게 마음을 바꾸셨습니까?"

"예수님이 우리 신보다 훨씬 능력이 있어요." 그의 대답이었다.

"당신은 어떻게 그것을 알게 되었습니까?" 한 전도자가 물었다.

"나는 우리 신의 제사장입니다. 늘 신들과 대화를 해왔으며 그들의 이름도 많이 알고 있습니다." 그는 말하다가 또 울기 시작했고 이번에는 걷잡을 수 없이 통곡했다.

"아니 무슨 일이요? 우리는 어찌된 영문인지 도무지 모르겠군요" 답답함을 참지 못한 어떤 사람이 물었다.

"예, 말하지요. 여러분이 기도하면서 예수 이름으로 이곳의 사탄을 묶고 마귀들은 떠나라고 명령할 때 무슨 일이 일어났는지 아십니까?"

"아니오, 우리는 도무지 모르겠어요. 빨리 우리에게 말 해주세요."

"내가 알려 주리다. 나는 이 마을을 통치하는 모든 귀신들의 권세를 눈으로 보았었고 귀로 들어왔습니다. 귀신들이 가장 센 놈에서 가장 작은 놈까지 이곳에 모두 모였었지요. 그리고는 '예수가 우리가 이곳에 머무는 것을 허락하지 않는다. 우리는 예수가 이 마을 사람들을 원하기 때문에 떠나야 한다' 이렇게 소리치며 달아나 버렸습니다. 예수는 놀라운 신임에 틀림없어요. 저는 예수 신을 알기 원합니다."

전도자들이 재빨리 입을 열었다. "당신이 예수를 섬기고 싶다면 그 방법을 알려 드리겠습니다." 그리고 성경을 열어 어떻게 예수를 개인적인 구세주로 영접하는가를 간단히 설명했다. 그는 곧 예수를 영접했고 둘러 서있던 마을 사람들도 이 일을 통해 모두 예수를 영접했다. 할렐루야!

많은 사람들이 성경 말씀은 오직 2천년 전의 이야기라고 말한다. 그러나 우리 인도네시아 그리스도인들은 20세기에도 역사 하시는 하나님의 능력을 체험했다. 왜 이런 능력이 필요할까? 그 이유는 바로 사탄이 자신의 때가 얼마 남지 않았음을 알고 그의 모든 힘을 다 내어 기독교와 대항하고 있기 때문이다.

만일 우리가 이 싸움에서 이겨 많은 영혼들을 그리스도께로 인도하고자 한다면 2천년 전보다 지금이 더욱 하나님의 능력이 필요하다. 전 세계의 모든 부족들이 예수 그리스도를 그들의 구주로 영접하는 것을 보는 일. 이 얼마나 멋진 일인가!

뱀을 집는다

마가복음 16장 18절에 보면 "저희가 뱀을 집을 것이며"라고 기록되어 있다. 이 말씀의 뜻은 그리스도인의 능력이 동물계를 압도한다는 것이다. 하나님께서는 아담과 이브를 만드시고 그들에게 이렇게 말씀하셨다. "바다의 고기와 공중의 새와 땅에 움직이는 모든 생물을 다스리라" 그런데 사람이 죄로 인해 타락하자 동물계를 다스릴 권세도 잃어버렸다. 어떤 때에 개가 당신을 물려고 한다면 그 개는 당신을 하나님의 지고(至高)의 피조물로 경외하지 않고 있는 것이다.

나는 예수 그리스도안에서 믿음으로 이 원래의 권세를 회복하게 하시는 하나님께 찬양을 드린다. 도시인들에게는 아마 이 권세가 필요치 않을 것이다. 도시인들은 차나 기차, 비행기 등을 접하며 산다. 그러나 정글에 사는 우리에게는 동물을 지배하는 이 권세가 진정으로 긴요하다. 정글에서는 가끔 악어 떼, 호랑이, 독 뱀 등과 마주친다. 우리는 여러 가지 체험이 있다.

"뱀아, 우리가 지나갈 때까지 거기 멈춰라" 그러면 뱀은 딱 멈춘다. 우리는 계속 길을 지나가고 뱀은 결코 우리를 괴롭히지 못한다. 왜? 하나님께서 우리에게 동물계를 지배할 권세를 주셨기 때문이다.

티모르 섬에는 전갈이 많다. 누구든지 물리면 참으로 위급한 처지에 빠진다. 그렇지만 나는 당신께 우리에게는 동물계를 지배하는 권세가 있음을 말하고 싶다. 만일 누가 전갈에 물리면 우리는 예수 이름으로 기도한다. 고통은 사라진다. 전갈이나 동물들이 그리스도인들을 괴롭히는 것은 상상할 수도 없다. 왜냐하면 우리는 하나님의 최고의 피조

물이기 때문이다. 동물들은 우리가 하나님을 경외하는 것처럼 우리를 경외해야 한다.

「수마트라」정글에서 주를 위해 일하는 형제 자매들이 있다. 그들은 자주 강을 건너게 된다. 어느 날 한 형제가 강을 건너가고 있었다. 그는 수영을 할 줄 몰랐고 홍수 때여서 강물은 가슴까지 차 올랐다. 모슬렘교도와 이교도들이 강둑에 서있다가 웃어댔다.

"하하하, 오늘이 저 친구 장사 날이군."

그가 강물을 거슬러 건너가려고 애를 쓰는데 악어 데가 그를 삼키려고 접근하고 있었던 것이다. 악어들은 1~2미터쯤 접근해서는 꼬리로 그 형제를 박살내려고 하였다. 악어들이 꼬리로 치는 힘은 카누가 반 동강이 될 정도이다. 악어들이 모여들었을 때 이 형제는 대항할 엄두도 내지 못했다. 그 순간에 이 형제가 마가복음 16장 18절을 기억하였다. 그래서 그는 그 위기의 순간 담대히 서서 외쳤다.

"이 악어들아, 예수 이름으로 내가 명하노니 이곳을 떠나가라!"

악어들은 획-획 방향을 돌리더니 헤엄치며 사라졌다. 강둑에서 구경하던 모슬렘교도와 이교도들이 크게 놀랐다.

"이런 일은 생전에 처음 보는군. 악어들이 어떻게 저 사람에게 복종하는가?!"

악어는 이 세상에서 가장 어리석은 동물 중에 하나이다. 악어의 뇌는 아주 조그맣다. 그렇기 때문에 악어를 복종시키는 것은 개나 고양이를 복종시키는 것보다 쉽다. 중요한 것은 이 형제가 예수 이름으로 악어에게 명령했을 때 악어가 알아듣고 사라졌다는 점이다. 다시 한 번 이방인들은 그들의 눈앞에서 일어난 하나님의 능력을 생생하게 본 것이었다. 이 광경을 본 많은 사람들이 예수를 영접했다. 할렐루야!

독약도 해치지 못한다

　하나님의 말씀은 "저희가 무슨 독을 마실지라도 해를 받지 아니하며"(막 16:18)라고 기록하고 있다. 어느 날 주님은 우리에게 정글에 있는 한 마을로 들어가라고 명하셨다. 그 마을은 「티모르」의 수도 쿠팡 근처에 있는 아주 무시무시한 곳이었다. 우리가 그 마을로 전도하러 간다고 하니까 이웃 사람들이 전혀 믿으려 하지 않았다.

　"아니 정신이 나갔습니까? 그곳에 가면 당신들은 죽고 맙니다."

　사람들은 이구동성으로 우리를 말렸다. 왜냐하면 그 마을은 우상과 마법이 극심한 곳이었고 여러 가지 독약을 제조하는 동네였기 때문이었다. 어떤 사람들은 그 동네에 가서 물 한잔 얻어 마시다가 죽었고 어떤 사람은 마시고 나서 즉시 쓰러지기도 했다. 그렇기 때문에 사람들은 우리에게 그곳에는 복음을 전하러 가지 말라고 간곡히 만류했다.

　그러나 주님은 나와 내 여동생, 처남 그리고 4명의 다른 동료가 그 마을에 갈 것을 말씀하셨다. "만일 우리가 죽는다면 하나님께서 우리를 그곳에 가라고 하셨기 때문입니다." 이렇게 말하고 출발은 했지만 사실 겁이 나고 주저하는 마음도 있었다.

　그 때 하나님은 우리에게 성경 말씀을 상기 시키셨다. "저희가 무슨 독을 마실지라도 해를 받지 아니하며"(막 16:18).

　우리가 그 마을에 도착하자 주민들은 우리에게 음식과 마실 것들을 가져 왔다. 그리고 모든 사람들이 둘러서서 우리를 주목하였다. 등골이 오싹했다. 그렇지만 예수님을 의지하고 음식을 먹기 시작했다. 사실 우리는 먼 길을 걸었기 때문에 배도 고팠다. 배불리 먹은 후에 우리는 복음을 전했다. 몇 시간이 지난 후 집회가 끝났을 때 어떤 사람이 우리에게 다가와서 말했다.

"여러 선생님들은 아주 굉장한 능력을 갖고 있군요." 아주 존경하는 어투였다.

"천만의 말씀입니다. 저희는 아무 능력도 없습니다."

"저를 놀리고 계시는군요." 그의 표정이 굳어져 있었다.

"우리는 정말 아무런 능력도 없습니다. 당신과 똑같아요."

"아니요, 믿을 수 없어요. 만일 당신들이 보통 사람들이라면 어떤 굉장한 힘이 당신들을 보호하고 있을 겁니다."

"그 말이 무슨 뜻이지요?" 내가 물었다.

"당신들이 이곳에 도착했을 때 나는 여러분이 먹을 음식에 우리가 만든 아주 강력한 독을 집어넣었어요." 그는 잠시 말을 멈추었다. "당신들은 3분 이내에 죽었어야 합니다. 그리고 지금은 두 시간 이상이 흘렀는데 아무 탈이 없어요. 여러분들이 어떤 능력을 가졌거나 아니면 어떤 힘이 당신들을 보호하고 있음에 틀림없습니다."

우리는 그때에야 그의 말이 무슨 뜻인지 알았다. "아, 예. 하나님의 능력이 우리를 지키고 있습니다."

"그게 정말입니까? 저도 그 능력을 받고 싶습니다."

우리는 그 사람에게 예수의 사랑에 관해서 이야기 해주었고 우리의 세심하고 놀라운 구원자에 대해서 설명해 주었다.

"예, 알겠습니다. 더 이상 설명하지 않아도 깨닫겠어요. 제가 예수를 믿는 것은 이제 1분이면 충분합니다." 그는 집으로 달려가 모든 부적과 마법 도구들을 가져다가 태워버렸다. 그리고 주님께 감사의 기도를 드렸다.

"예수님, 주님은 오늘 저의 생명을 구원해 주셨습니다. 참으로 놀랍고 기쁘며 감사를 드립니다. 아 – 멘"

깊은 강도 건너가다

주님이 다른 전도 팀을 큰 강을 건너야만 하는 「티모르」의 어느 지역에 보냈던 적이 있다. 그 강의 이름은 '노에미나'였고 다리가 없었다. 그 강의 폭은 약 280m였고 「티모르」에서 가장 큰 강이었다. 마침 그 때는 홍수기여서 강의 수심이 약 6~7 미터나 되었다. 물살도 무척 세었다. 커다란 나무들이 흙탕물 속에 떠내려 갔다. 전도팀은 강가에 도착해서 겁을 집어먹었다. 사실 제 정신을 가진 사람은 홍수 때에 강을 건널 생각조차 못한다. 미친 사람도 그런 것은 하지 않을 것이다.

전도팀은 강가에 서서 주님께 기도했다.

"주님, 우리가 어떻게 해야 합니까?"

인도네시아 부흥의 특징 중 하나는 주께서 우리가 복음을 전파하러 출발하기 전에 우리가 해야 할 모든 상세한 일들을 지시하셨다는 점이었다. 우리는 그 지시를 종이에 기록하고 정확히 실행했다. 주님이 '이 장소에서 멈추라'고 하시거나 '저 장소에서 봉사하라'고 하시면 우리는 그의 말대로 정확하게 따라했다. 주님은 강가에 서서 기도하는 전도팀에게 말씀하셨다.

"강을 건너가라!"

보통 인도네시아에서는 우기(雨期)중에는 전도 여행을 하지 않는다. 우기에는 심한 폭우가 40일씩이나 쏟아지는데 밤이고 낮이고 퍼붓는다. 이런 날씨에 어떻게 여행을 하겠는가? 성경에 기록된 가장 놀라운 약속의 말씀은 "주께서 너희의 모든 필요를 채우시리라"는 말씀이다. 우리는 우비나 우산도 없이 여행을 나서게 된 적이 여러번 있었다. 그럴 경우에 우리는 이렇게 기도했다. "주님, 주님은 우리에게 복음을 전하러 출발하라고 하셨지만 저희에게는 우비도 우산도 없습니다. 오직 우리를 비에서 보호해 주시길 기도할 뿐입니다. 아 – 멘."

성경 말씀은 "믿고 구한 것은 무엇이든지 받는다"(요일 5:15)고 기록하고 있다. 물론 우리가 춤을 추거나 놀러 다니는 것은 아니다. 우리는 복음을 전하러 다니며, 그렇기 때문에 주님은 우리를 비로부터 보호하신다.

밖으로 나가면 우리는 비가 열 발자국쯤 앞에 그리고 열 발자국쯤 뒤에만 쏟아지고 있는 것을 본다. 좌우에도 마찬가지였으나 우리 머리에는 단 한 방울도 떨어지지 않았다. 마을에 도착했을 때 사람들이 물었다.

"여러분들은 어디에서 오는 길입니까?"

"여기서 한 80킬로 떨어진 곳에서 오는 길이지요."

또 묻는다. "빗속을 걸어온 것입니까?"

"물론 그렇지요."

그들은 우리의 다리를 보고 갸우뚱하고, 몸을 보고 고개를 젓고, 물에 젖지 않은 것으로 인해 혼란스러운 표정을 짓는다. 주님이 우리를 보호하셨다고 이야기해도 그들은 믿지 않는다. 여러 차례 우리가 그런 식으로 다니니까 그들은 우리가 우산이나 우비를 숨겨 가지고 다니는 것으로 생각했다. 그래서 우리 몸과 짐을 수색했다. 그러나 아무것도 찾아내지 못했다. 왜냐하면 비로부터 우리를 보호한 것은 우산이나 우비가 아니라 하나님이었기 때문이다.

강가에서 기도하던 팀원들은 하나님이 역사하셨던 방법들을 기억하고 있었고 지금 역시 그들은 하나님의 보호 하에 이곳까지 온 것이었다. 전도팀을 본 사람들은 비가 오는데도 이들의 옷이 조금도 젖지 않은 것에 매우 놀라고 있었다. 강가에 모여 있던 이교도들이 이들에게 물었다.

"당신들은 무엇을 하는 사람들이요?"

"우리는 복음을 전하러 다니는 팀입니다."

"지금 어디로 가는 길이요?" 그들이 다시 물었다.

"우리는 강을 건너려고 합니다. 주께서 지금 강을 건너라고 말씀하셨습니다."

"당신들 미쳤군요. 만일 지금 강을 건넌다면 모두 익사해서 당신들의 주님께 시체를 바치게 될 것이요." 이교도들이 소리쳤다.

심지어 우리를 지켜보던 몇몇 그리스도인들도 "주님께서 너희는 뱀처럼 지혜로우라고 하셨어요. 지금은 마음을 가라앉히고 강가에서 기다리는 것이 현명합니다"고 충고했다.

가끔 당신은 그리스도인들로부터 멋진 설교를 들을 수도 있다. 그러나 설교라고 다 하나님께로부터 온 것은 아니다. 가끔 사탄은 우리보다 설교를 잘 하지만 사탄은 복음을 전하지는 못한다.

"만일 지금 강을 건너 가다가는 여러분들은 모두 죽을 것이오. 그러면 누가 하나님을 섬기겠소? 2~3일 여기서 기다리는 것이 좋을 것이요. 물이 줄어들면 우리가 당신들이 강 건너는 것을 도와 주겠소." 강둑의 이교도들이 계속해서 만류했다.

"아닙니다. 주님은 바로 지금 건너라고 하셨습니다." 전도팀이 담담히 주위 사람들에게 선언했다.

팀원들간에도 약간의 동요가 있었다. 내 처남과 여동생도 그 팀의 일원이었는데 그들의 동료들까지 "지금은 건너지 말자. 지금은 건너지 말자"고 했기 때문에 어쩔 줄 모르고 서있었다. 그 순간 내 사촌 중의 한 형제가 말했다.

"주께서 제 마음을 감동시키십니다. 여러분, 사람들의 충고를 따르기 원한다면 여기에 2~3일 머물러도 좋습니다. 그러나 저는 주님의 명령을 따르고 싶고 바로 지금 주님께 복종하렵니다. 주님은 우리에게 지금 강을 건너라고 하셨는데 우리는 망설이고 있습니다. 주님의 명령은 지금입니다! 다른 때 우리는 망설인 적이 없습니다. 천사가 요셉에게 나타난 지금 마리아와 예수를 데리고 이 고장을 떠나 애굽으로 갈 것을 명했습니다. 만일 요셉이 하나님께 즉시 순종하지 않고 아침까지 주저하고 있었다면 어떻게 되었겠습니까? 예수는 죽임을 당했을 것입니다."

다른 팀원들은 어찌할 바를 몰랐고 두렵기도 해서 계속 머뭇거리고 있었다. 그러나 사촌은 "여러분들은 여기서 기다려도 됩니다. 저는 지금 건너갑니다"하더니 강물에 들어섰다.

"안 됩니다! 당신은 죽습니다!" 사람들이 비명을 질렀다.

"만일 제가 죽는다면 여러분들은 모든 사람들에게 제가 어리석어서 죽었다고 하지 말고 주님께 순종하다가 죽었다고 전해 주십시오." 그가 돌아보며 웃었다.

첫 발을 강속에 들여놓자 물이 정강이까지 찼다. 두 번째 발도 역시 정강이였다.

세 발,

네 발,

다섯 발,

여섯 발,

물이 정강이를 넘지 않았다.

그 형제가 수심이 6미터는 족히 될 강 중간까지 갔는데도 물은 그의 정강이 이상을 차지 않았다. 강 가운데 서서 그는 전도팀을 돌아보며 소리쳤다.

"강물이 깊지 않아요. 지금 건너오세요."

"형제! 지금 강바닥에 서있는 것입니까? 물 속에 서있는 것입니까?"

"저도 잘 모르겠어요. 하지만 강바닥처럼 느껴져요. 강바닥이 바로 제 발밑 이예요." 그때까지 모든 사람들이 그 강의 수심이 6~7미터 되는 것으로 여겼었다. 그래서 그를 쳐다보는 사람들에게는 그 형제가 물 속에 서 있는 것처럼 보였다.

"빨리 건너오세요!" 그 형제가 다시 소리쳤다. 전도팀이 이야기를 나눠본 후에 결정했다.

"지금 출발하는 것이 좋겠습니다. 왜냐하면 하나님이 지금 움직이기를 원하시기 때문입니다. 만일 여기서 지체한다면 훗날 우리는 가고 싶어도 갈 수 없는 처지가 될 것입니다."

모든 전도 팀원이 첫 번째 형제처럼 강물에 들어섰다. 그들도 강바닥이 땅에 닿는 똑같은 경험을 하였다.

이것을 보고 있던 이교도들과 그리스도인들이 물이 깊지 않은 것으로 생각하고 강속으로 뛰어 들었다. 그들은 첫 발을 강에 들여놓자 물 속으로 휩쓸려 들어갔다. 결국 사람들은 기적이 일어났음을 깨달았다. 그리고 그 기적은 사람들에게 이사야서 말씀을 기억나게 했다.

"네가 물 가운데로 지날 때에 내가 함께 할 것이라 강을 건널 때에 물이 너를 침몰치 못할 것이며"(사 43:2).

우리의 하나님은 자기 백성들에게 주신 말씀을 이루시는 분이셨다.

음식에도 기적이

또 다른 특별한 기적은 바로 첫 번째 결성된 전도팀이 복음을 전파하던 장소에서 일어났다. 이 전도팀은 우리 마을 소우에서 18킬로 정도 떨어진 「니키니키」라는 작은 마을로 전도여행을 갔었다. 하나님은 이 전도팀을 사용하셔서 많은 영혼을 구원하셨다.

전도팀이 마을로 들어가면 대개 목사관에 머무르게 된다. 그 마을의 목사님은 내 삼촌뻘 되는 분이셨다. 우리가 들이닥치자 사모님은 많은 사람들을 보고 매우 당황하셨다. 왜냐하면 그때는 「티모르」의 기근 때였기에 음식이 없었다.

우리는 20명이나 되었는데 목사님은 사모님에게 가더니 조용히 말했다. "여보, 주님이 내게 말씀하시길 우리 집 찬장에 타피오카(녹말 덩어리) 4뿌리가 있다고 하셨소. 그것으로 음식을 만들면 이들이 충분히 먹을 것이라는 구려."

"주 - 여" 그녀가 한숨을 쉬었다. "저는 모르겠어요. 찾아보세요."

그와 동시에 주님은 전도팀의 리더에게 말씀하셨다. 그가 나의 아주머니를 찾아갔다. "주님이 제게 말씀하시길 사모님댁 찬장에 타피오카(녹말 덩어리) 4뿌리가 있다고 하십니다. 그것으로 음식을 만들면 우리가 충분히 먹을 것이라고 하셨습니다."

"어떻게 우리 집에 타피오카 4뿌리가 있다고 하시지요?" 사모님이 의아한 듯 물었다.

"저는 모릅니다. 주님이 그렇게 말씀하셨어요."

그녀가 부엌에 가보니 목사님과 전도팀의 리더가 말한 대로 정확히 타피오카 4뿌리가 있었다. 사모님은 '주님이 말씀하신 것이 분명하니까 나는 오직 주를 의지하고 음식을 만들어야 하겠다' 그 생각했다. 사모님이 타피오카로 빵을 만든 후에 전도팀의 리더가 말했다.

"차 끓일 물 좀 가져오세요."

나의 아주머니에게는 겨우 2~3명이 먹을 정도의 설탕과 차 밖에 없었지만 순종하셨다.

"차 주전자에 물을 붓고 차와 설탕을 넣어서 빵을 먹을 때에 마실 수 있게 합시다." 팀의 리더가 말했다.

사모님은 묵묵히 순종하셨다. 그리고 그녀는 타피오카로 만든 조그만 빵 덩어리를 접시에 담아 놓고 기도를 드렸다. 전도팀의 리더도 함께 기도했다. 그들의 기도가 끝난 후에 주님은 각 사람이 컵과 접시를 하나씩 손에 들라고 하셨다. 모두가 컵과 접시를 들고 서자 주님은 다시 말씀하셨다.

"사모가 타피오카로 만든 빵을 떼어서 각 사람들에게 나누어주되 그들의 접시가 가득 찰 때까지 빵을 담으라."

그녀는 속으로 '이것은 도저히 불가능한 일이야. 기껏해야 한 두 접시나 가득 찰까 말까 하는 빵인데'라고 생각했지만 주님께 순종했다. 빵을 받으러 나오는 첫 번째 사람은 좀 여유가 있었다. 그 사람은 '내가 줄에서 첫 번째 사람이니 분명히 먹을 수 있을 것이다' 안심하였다. 그러나 줄의 맨 마지막에 서 있던 나의 친한 친구는 매우 당황했다. 그는 배가 무척 고파서 꼭 빵을 먹고 싶었다. 그는 덩치도 아주 큰 친구였다.

훗날에 내가 그에게 물어 보았다.

"그때 기분이 어땠었니?"

"야 - 아 정말 아찔했었어. 나는 하나님께 간절히 기도했다. '주님, 저는 줄의 맨 뒤에 서있습니다. 타피오카 빵 덩어리는 조그만 해서 조금씩 먹어도 3~4명밖에 못 먹을 것입니다. 줄의 마지막에 서있는 저를 기억하시고 기적을 베풀어 부소서 저는 무척 배가 고프답니다."

나의 아주머니가 빵을 들고 떼기 시작했다. 보통 수학적으로 하나를 반으로 나누면 반 덩어리가 두 개가 된다. 그러나 하나님의 수학은 그렇지 않았다. 사모님이 반을 떼어낸 오른 손의 빵이 다시 한 덩어리가 된 것이다. 주님은 그녀에게 왼손에 있는 빵을 접시에 담으라고 하셨다. 그녀가 오른손의 빵을 다시 반으로 떼었다. 빵을 떼면서 그녀는 그녀의 손에서 기적이 일어나는 것을 깨닫고 소리를 질렀다. 할렐루야! 할렐루야!

 그녀는 주를 찬양하면서 빵을 떼고 또 떼었다. 첫 번째 형제의 접시가 가득 찼고 두 번째 형제 차례가 되었다. 그리고 세 번째, 네 번째, 다섯 번째 …… 그제서야 사람들은 기적이 일어나고 있음을 깨달았다. 드디어 줄의 맨 뒤에 서있던 나의 친구까지도 빵을 받았다. 그는 너무 감격해서 말을 잇지 못했다.

 "오 – 오 주님, 저를 기억하시고 기적을 베푸셨군요."
모두가 빵을 받은 후에 차도 분배가 되었다. 타피오카 빵은 매우 건조한 것이어서 빵을 먹을 때 마실 것이 없으면 곤란하다. 사모님은 사람이 많았기 때문에 차를 따라 주면서 컵의 밑바닥에 조금씩만 부어주려고 하였다. 그러나 주님은 "컵을 가득 채워라"고 하셨고 그녀는 그대로 순종했다.

 모든 사람이 자신의 컵에 차를 가득하게 받을 때까지 주전자의 찻물은 끊이지 않고 흘러 나왔다. 그들 중에 몇 명은 찻잔을 두 세 개나 가지고 있었기에 모든 전도팀원들이 실컷 마실 수 있었다. 사실 우리가 빵을 다 먹지 못할 정도로 많이 떼었기 때문에 개들까지 포식하였다. 우리 주님은 개들도 돌보셨던 것이다.

5

하나님의 어린이들

주님은 성인들만을 사역자로 세우시는 것이 아니라 젊은이들 그리고 어린이들도 똑같이 사용하신다. 우리팀이 복음을 전하러 다니기 시작했을 때 「소우」마을에는 8개의 어린이 모임이 있었다. 그들은 8명에서 10명의 어린이들로 구성되었고 나이는 여섯 살에서 열 살까지 있었다. 우리는 그들을 어린이 전도단이라고 불렀다. 이들은 초등학교 1학년생에서 4학년생까지 있었다.

그들은 매일 아침 7시에 학교에 간다. 그리고 오후 1시 15분이면 학교는 끝나고 집으로 돌아와 점심을 먹는다. 이 어린이들은 월요일에서 금요일까지 매일 오후 4시에서 6시까지 기도모임을 갖는다. 이들은 같은 또래의 어린아이들처럼 놀지 않고 모여서 기도회를 하는 것이다. 무릎을 꿇고 손을 맞잡고 그들의 가족과 이웃을 위해 기도하고 또 세계를 위해서도 기도한다. 이들은 눈물을 흘리면서 진지하게 기도하는데 주님은 그들에게 예언의 말씀을 주시기도 하고 책망하시기도 하며 또 특별한 계시를 주시기도 한다.

토요일은 학교가 정오에 파한다. 어느 토요일 오후 2시쯤 한 어린이 전도단이 이웃 마을로 전도하러 출발했다. 이웃 마을이라는 뜻은 정글 길로 8킬로에서 24킬로 정도에 있는 마을을 뜻하는 것이지 가까운 옆 마을을 이야기하는 것은 아니다. 이 전도여행은 매주 나가는 것이었다. 어린이 전도단에는 어른이 아무도 없다. 그래서 한번은 내가 무섭지 않느냐고 물어보았다.

"멜 아저씨, 왜 무서워요?"

"우리들의 앞 뒤, 좌우에는 항상 천사들이 지키고 있어요. 우리는 천사들을 따라가기만 하면 됩니다." 그들의 깜찍스러운 대답이었다.

나는 이 어린이 전도팀의 일화를 이야기하고자 한다. 어느 날 전도 여행 중에 어린이들이 정글에서 「구아바」나무를 발견했다. 「구아바」나무는 아주 맛있는 열매가 열리는 나무여서 어린이들이 무척 좋아하는 나무이다. 그들은 그 나무를 보자 나무로 뛰어가 열매를 쳐다보며 입맛을 다셨다. 어린이들이 멈춰서서 열매를 어떻게 딸 것인가를 이야기하는데 천사가 말했다.

"「구아바」 열매 때문에 여기서 지체하면 안 된다."

"너희들이 마을에 도착하면 과일들을 실컷 먹을 수 있을 것이다. 자, 아직 갈 길이 머니까 빨리 가야 한다."

그러나 대개의 어린이들이 그렇듯이 어린이 전도단도 가끔은 반항적이 되는데 더구나 맛있는 과일의 유혹이 너무 강했다. 어린이들은 천사의 말을 무시하고 옷을 벗고 나무에 올라가기 시작했다. 그것은 신나는 일이었다. 그들은 나무에 매달려 장난치고 놀면서 「구아바」 열매를 맛있게 먹었다. 이웃 마을까지 가야하고 또 거기서 사람들에게 예수에 관해서 이야기해야 한다는 것도 잊어버렸다. 그들이 나무에서 실컷 놀다가 내려왔을 때 이상한 일이 일어났다.

어린이들의 옷이 모두 사라져 버렸다. 그들은 주변을 샅샅이 찾았지만 옷은 없었다. 어린이들은 맥빠진 상태로 하늘을 쳐다보았다. 큰 나무 꼭대기에 그들의 옷이 걸려 있는 것이 그들의 눈에 들어왔다. 그 나무는 높이가 22미터나 되고 직경이 1미터나 되는 큰 나무였다. 처음에 어린이들은 그것이 재미있어 보여서 웃었다. 강한 바람이 옷을 날려보내어 나무에 걸리게 했겠지. 그러나 그들은 옷을 내릴 방법이 없음을 깨닫자 울음을 터뜨렸다.

"너희들은 교훈을 받아야 한다." 주님이 어린이들에게 말씀하셨다.

"내가 천사를 통해서 너희들이 마을에 도착하면 과일을 실컷 먹을 수 있으니까 「구아바」 열매는 먹지 말라고 이야기했다. 너희들은 순종하지 않았기 때문에 벌을 받아야 한다."

이 말을 듣자 어린이들은 더욱 큰 소리로 울었다.

"만일 너희가 진정으로 회개하고 죄를 고백하면 내가 옷을 다시 찾아 주겠다."

어린이들은 무릎을 꿇고 그들의 죄를 고백하고 회개하였다.

"이제 됐다. 누가 한 명 나무에 올라가렴."

"그렇지만 저희는 그 나무에 올라갈 수 없어요."

"그 나무는 너무 크고 굵어서 우리가 도저히 옷을 가져올 수 없어요."

주님이 다시 말씀하셨다.

"내가 너희들의 발을 도마뱀의 발처럼 만들어서 미끄러지지 않도록 해주겠다."

그리고 주님이 한 어린이를 올라가도록 지시하셨다. 그 어린이가 나무에 올라가려고 손을 나무에 대었다. 손이 나무에 닿자 철썩 붙었다.

그리고 더 높이 올라가려고 손을 뻗자 떨어졌다. 발도 마찬가지로 나무 껍질에 붙었다. 그는 쉽게 나무 꼭대기까지 올라갔고 어린이들의 옷을 조심스럽게 모아 가지고 내려왔다.

이상이 다시 마을로 돌아온 귀여운 어린이들의 회개 이야기다. 주일 낮에 어린이들은 교회에서 간증했고 많은 사람들이 그 간증을 통해 주님을 영접했다.

하나님의 녹음기

하나님은 어린이 전도단을 통해 특별한 일들을 하셨다. 사람들은 이들을 '하나님의 기름부음이 넘치는 아이들' 혹은 '무슨 말이든 믿을 만한 어린이들'이라고 부른다. 이 어린이들이 고사리 손으로 어른들의 머리에 안수하면 말할 수 없는 은혜가 있다고 한다. 그들의 기도로 치료받은 사람이 많다.

한번은 이 어린이들이 「케화메누」에서 2주 동안 집회를 했던 적이 있다. 많은 어린이들이 예수님을 영접했다. 그러나 어른들은 회개하기를 거부했다. 주님이 어린이 전도자들에게 사람들의 마음 속에 숨어 있는 죄들을 알려 주셨다. 어린이들이 주위에 섰던 사람들의 죄를 지적해 내기 시작했고 특히 교회 내의 비밀한 죄들까지 말을 했다. 몇몇 어른들이 분노해서 어린이들을 박해했다.

어린이들은 견디기 어려운 고뇌의 날이 지난 후에 함께 모여 기도를 시작했다. 주님이 말씀하셨다.

"내가 너희에게 놀라운 일로 위로를 주겠다."

"어떤 일인데요 하나님?"

"너희들이 아름답게 노래하면 내가 너희 목소리를 담아두었다가 너희에게 다시 들려주리라."

물론 그때는 어느 어린이도 녹음기를 몰랐다. 나도 녹음기가 있다는 소문은 들었지만 보지는 못했을 정도였다. 어린이들이 노래를 시작했다. 그들은 하나님께 드리는 아름다운 찬양을 불렀다. 노래가 끝나자 주님이 말씀하셨다.

"자, 조용히 하고 귀를 기울여라. 내가 너희들의 목소리를 다시 들려주겠다."

어린이들이 조용하게 기다렸다.

순간 공중에서 아름다운 음악이 흘러 나왔다. 어린이들은 매우 놀랬고 신이 났다.

"야 – 아, 저 소리는 나의 목소리다."

한 어린이가 소리쳤다. 그러자 다른 어린이가 또 다른 어린이가 자신의 목소리를 찾아내어 기쁘게 외쳤다. 자신들이 부른 찬양이 공중에서 다시 들려오는 것을 듣는 것은 아주 신나는 일이었다.

나는 이 일을 기억할 때마다 주께서 재림하실 때는 우리가 발했던 모든 소리가 하나님의 녹음기에서 흘러 나오리라는 것을 떠올린다. 그렇지만 우리가 회개함으로서 하나님께서 지워 주신 나쁜 말들은 우리 귀에 들리지 않을 것이다.

6
말씀의 단순성

미국에 오기 전에 나는 이렇게 생각했었다.

"주님, 저는 이교도 국가의 사람으로 크리스찬들의 나라인 미국에 갑니다. 제가 미국인들에게 할 말이 무엇입니까? 저는 감히 그들에게 전할 말이 없습니다. 저희 나라는 아직 미국으로부터 복음을 전파할 선교사를 받아야만 하는 나라입니다."

로스엔젤레스 공항에 도착하자 나는 하나님이 미국에 보낸 이유를 깨닫기 시작했다. 맨 처음 나는 공항의 건물이 새롭고 웅장한 것에 놀랐다. 그러나 공항을 걸어나와서 여러 가지 물건을 파는 커다란 대합실에 도착해 보니 곳곳에 있는 음란서적, 술집, 담배를 피워 문 사람들이 눈에 들어왔다. '이게 어찌 된 일인가?' '오, 하나님 나를 도우소서' 나는 신음소리를 냈었다.

택시를 탔지만 우울하고 슬펐다. 그런 기분은 시간이 흐를수록 더

해졌다. 거리마다 술집 표시였고 사람들은 하나님을 저주하는 듯이 보였다.

"도대체 어떻게 된 일인가?" 나는 친구에게 물어보았다.

"여기가 정말 동전에 '우리는 하나님을 믿는다'고 씌여진 나라 미국이요?"

그 순간 나는 주님이 주신 말씀이 생각났다.

"너는 미국인들을 향해 – 하나님 말씀의 단순성으로 돌아가라는 – 단 한가지의 메시지를 가지고 가라. 성경으로 돌아가라는 것뿐만 아니라 말씀의 단순성으로 돌아가라고 외쳐라."

요즘은 많은 사람들이 하나님의 말씀을 모두 영적으로만 해석하려고 하여 성경이 전하는 온전한 뜻을 상실하고 있다. 성경이 A라고 하면 A인 것이지 B는 아니다. 또 성경이 B라고 하면 B인 것이지 C는 아니다. 더욱이 성경이 육체의 치료에 관해서 말하면 육체의 치료이지 영적인 치유는 아닌 것이다. 우리는 흔히 예수님이 맹인을 치료하신 구절을 읽고 이렇게 말한다.

"이것은 우리가 영적인 맹인이기 때문에 우리 모두에게 영적인 치유가 필요하다는 교훈이다."

이런 해석은 올바른 성경 해석이 아니다. 육신적으로 맹인이면 오직 육신적 맹인으로 이해하면 충분하다. 반면에 성경이 영적인 소경을 이야기하면 그것은 영적인 소경이요 육신적 소경은 아닌 것이다.

우리의 성경 읽기는 굉장한 어리석음에 파묻혀 있다. 예수님이 앉은뱅이를 고치신 구절을 읽으면서도 우리는 이렇게 생각한다.

"맞아, 우리들은 모두 여러 가지 영적인 부분에서 앉은뱅이야 예수님께 나오는 사람은 누구나 영적인 앉은뱅이 상태에서 치유될 수 있어. 그렇지만 그 구절을 보고 오늘날도 예수의 신체적 치유를 말할 수는 없지."

이런 사람이야말로 영적인 앉은뱅이인 것이다. 여기서 말하는 성경 구절은 분명히 신체적 치유에 관한 것이다. 우리는 성경을 영적으로만 해석하는 것을 중지해야 한다. 성경의 말씀은 그 자체가 진리인 것이다.

미국에서 역사 하시는 하나님

미국에 처음 도착했을 때 나는 영어를 거의 못했다. 아마 50단어 정도를 알았을 것이다. 그것이 내 영어 실력의 전부였다. 그런데 하나님께서는 내가 영어로 말하면 단어를 알게 해 주시겠다고 약속하셨다. 지금은 하나님의 약속이 이루어져 영어를 아주 잘 한다.

그렇지만 내가 영어를 거의 모르는 상태로 연단에 서서 나를 쳐다보는 얼굴들을 대했을 때 솔직히 말해서 떨렸었다. 당신은 내가 많은 군중들 앞에 서서 하나님께서 나에게 주신 말씀을 증거하려고 입을 열었을 때 어떤 일이 일어났는지 상상할 수 있겠는가? 저절로 영어가 튀어나왔다. 사실은 나도 영어 학원에 다닌 적이 있어서 몇 마디 영어는 알고 있었지만 강단에 올라서니 한 마디도 기억나지 않았다. 그러나 입을 열면 주님께서 할 말을 주셨고 영어가 되게 했다.

또한 주님은 광대한 나라 미국의 형제 자매들을 섬길 수 있도록 지혜로운 교훈들을 알게 해주셨다. 내가 「텍사스 허스톤」에 있을 때 어떤 자매가 찾아왔다.

"멜 형제님, 저는 예수님을 사랑합니다."

"그래요 참 좋은 일입니다." 대화가 오고 간 후에 내가 물었다.

"그런데 자매님, 무슨 용무로 오셨지요? 예수님을 사랑하신다니 모든 일이 잘 될 것 같은데요."

"아니에요. 가정에 문제가 있습니다. 제 남편은 저처럼 영적인 사람이 아니기 때문에 집안에 여러 가지 다툼이 있어요."

"그래요. 어떤 다툼이 있습니까?" 내가 다시 물었다.

"제 남편은 주님을 사랑하지 않아요. 그는 위선자예요." 그녀는 흥분하며 자기 남편을 한참 깎아 내렸다.

잠시 후.

"아이 참 저는 당신에게 제 남편이 진심으로 회개하고 예수님을 사랑하도록 기도 부탁드리러 왔답니다." 그녀의 용건이었다.

"예 함께 기도합시다. 그리고 하나님께서 우리에게 주시는 말씀을 들어 보십시다."

우리는 함께 기도했다. 기도 중에 하나님은 나에게 '문제는 이 여자의 남편에게 있는 것이 아니라 이 여자 자신에게 있다'고 알려 주셨다. 그래서 나는 조용히 말했다.

"자매님, 문제는 남편에게 있는 것이 아니라 자매님께 있습니다."

"잠깐만요, 선생님. 저는 예수님을 사랑하는 사람이에요." 그녀가 의외라는 듯이 대답했다.

"예, 맞아요."

"자매님은 분명히 예수님을 사랑합니다. 그러나 자매님은 지금 살고 있는 이 세상이 천국인 것처럼 착각하고 있습니다. 자매님은 지금 남편과 가족들과 함께 살고 있는 것을 망각하고 있습니다."

"그게 무슨 뜻이지요?" 그녀가 물었다.

"자매님 우리 솔직하게 이야기하십시다. 제가 한 가지 묻겠습니다. 정말로 예수님을 사랑하십니까?"

"……?"

"예수께서 말씀하시기를 아버지께서 나를 사랑한 것처럼 나도 너희를 사랑한다. 그리고 내가 너희를 사랑한 것처럼 너희도 서로 사랑하라고 하셨습니다. 사랑은 우리가 서로 사랑을 실천하고 느끼고 맛보기 전까지는 사랑이 아닙니다. 성경은 이렇게 말합니다. 네가 세상에서 보고 접하는 사람들을 사랑하지 못한다면 어떻게 하나님을 사랑할 수 있겠느냐? 자매님, 진심으로 예수님을 사랑하고 또 남편을 사랑하십니까?"

"……" 그녀는 나를 올려다 보았다. 못마땅한 표정이 역력했다.

"예, 예수님은 사랑합니다."

"그렇지만 제 남편을 어떻게 사랑합니까? 그 삶은 영적이지도 않고 심지어 저는 그를 좋아하지도 않아요." 오랫동안 생각한 그녀의 대답이었다.

"자매님, 집에서 남편을 '여보'(허니)하거나 '사랑하는 당신'이라고 불러본 적이 있습니까?"

"아니요. 저는 그를 후랭크라고 부릅니다. 후랭크가 그의 이름이지요."

"그러면 남편이 회사에서 돌아오면 특별한 음식을 준비하고 기다리거나 사랑의 키스를 하거나 그 밖의 애정 표현을 했던 조이 있습니까?"

"오, 아니에요. 저는 그를 그렇게 잘 대하고 싶지 않아요."

"사랑하는 자매님, 문제는 당신에게 있었습니다. 나는 당신이 정말 예수님을 사랑한다고는 믿어지지 않는군요."

그녀는 일그러진 표정을 지었다.

"저도 멜 형제님식으로 예수를 사랑하는 것을 믿을 수가 없어요."

"자매님, 자매님은 사랑을 추상적으로 생각하는군요. 예수님이 사랑에 관해서 가르칠 때 그것은 단순했고 실천적인 사랑이었어요. 그러나 자매님은 사랑을 너무 영적인 것으로만 간주하시는군요. 자매님은 하늘의 신령한 사랑은 이야기하면서 땅에서는 심지어 남편까지도 사랑하지 않았어요. 만약 예수님이 '나는 아버지를 사랑한다. 나는 아버지를 사랑한다'고만 외쳤다면 나에겐 아무 상관없는 분이 되고 말았을 겁니다.

그런 예수님은 아버지께서 자신을 사랑한 것처럼 우리를 사랑하셨고 우리를 위해 십자가에서 죽으셨습니다. 그렇기 때문에 저와 자매님은 구원받은 것이지요. 주님이 말씀하셨습니다. - 내가 너희를 사랑한 것처럼 형제를 사랑하라. 서로서로 사랑하여라 - 자매님은 자매님 주변의 사람들을 사랑하지 않고는 예수님을 사랑할 수 없습니다. 자매님이 남편을 진심으로 사랑하면 그것이 곧 예수님을 진심으로 사랑하는 것이에요. 자매님이 남편을 사랑하기 전까지는 결코 나는 자매님이 예수님을 사랑한다는 것을 인정할 수 없습니다."

그녀는 드디어 항복했다.

"멜 형제님, 제가 어떻게 하면 좋겠습니까?"

"간단합니다. 지금 집으로 가셔서 남편의 사무실에 전화를 거세요. 남편이 받으면 제일 처음 '여보! 사랑해요'라고 한 마디만 하면 됩니다. 그것으로 충분합니다. 그리고 '여보 제가 지금까지 잘못했어요'라고 사과하세요. 그런 후에 저녁 식사를 준비하세요. 음식도 당신이 좋아하는 것이 아니라 남편이 좋아하는 것으로 만들어야 합니다. 가끔 우리는 사람들을 기쁘게 하겠다면서 자기가 좋아하는 방법으로만 움직입니다. 집에 가셔서 자매님이 좋아하는 방법이 아니고 남편이 원하는 방법으로 그를 기쁘게 해주세요."

"꼭 실천하실 수 있지요?"

"예" 그녀가 분명한 각오를 보였다.

"그리고 남편의 차소리가 들리고 그가 문을 열고 들어오면 그를 포옹하고 입을 맞추세요. 맛있는 저녁을 들면서 주님이 모든 것을 명령

하셨다고 말하세요."

"자, 함께 기도합시다." 나는 그녀의 남편을 위해서가 아니라 그녀를 위해서 기도했다. 주님이 도와주셔서 이 자매님이 사랑을 영적인 것으로 생각하지 않고 실천적인 것임을 깨닫고 그런 사랑을 보여줄 수 있도록 간절히 기도했다.

그 자매는 집으로 가서 내가 시킨대로 그대로 실천했다. 남편에게 전화했다.

"여보, 사랑해요."

그녀의 남편은 자기 부인이 한번도 자신에게 사랑한다는 말을 하지 않았기 때문에 잘못 걸린 전화로 알았다. 그녀가 말을 계속했다. "여보, 저 해리트예요." (후에 그녀의 남편은 나에게 말하기를 전화를 받으면서 이런 생각을 했다고 한다. '집에서 어떤 기적이 일어났군. 아내는 지금까지 사랑한다는 말을 해본 적이 없는 사람인데. 신혼여행 중으로 착각하고 있는 것은 아닐까? 어쨌든 기분은 좋군')

"여보, 그동안 미안했어요."

남편은 입이 떨어지지 않았다. 너무 감격해서 할 말이 없어진 것이었다. 그래서 그는 업무를 정리하고 조퇴를 했다. 그가 집에 돌아오니 아내는 그를 기다리고 있었다. 바로 그 순간 그는 아내가 예수를 사랑한다는 사실을 알았다. "전에도 그녀는 예수를 사랑한다고 했었지만 나는 믿어지지 않았어요." 그가 나에게 한 말이다.

"그녀가 나에게도 사랑을 보이지 못하면서 어떻게 예수를 사랑합니까? 나는 도저히 믿을 수 없었어요. 그렇지만 그 날 내가 집에 들어서면서 그녀를 볼 때 나는 아내가 진정으로 예수를 사랑한다는 것을 알게 되었어요."

더 이상의 설교가 필요 없이 그녀의 남편은 회심하였다. 그는 그 자리에서 무릎을 꿇었다.

"예수님, 그동안 저는 아내를 사랑하지 않고 학대해 왔어요. 주 예수님, 저의 이런 죄를 용서하시고 제 생애에 들어오셔서 저를 주장하옵소서."

주님은 이 가정을 매우 놀라운 방법으로 회복시키셨다. 그 원인은 이 자매가 모든 것을 복잡하게 만들었던 영적인 생각을 성경이 말하는 단순하고 실제적인 생각으로 바꾼데 있었다.

우리 그리스도인들은 오랫동안 성서를 너무 영적으로만 보려고 해 왔기 때문에 하나님께서 우리의 매일 생활에 적용하기 원하는 말씀들을 잊고 있었다. 우리는 성경이 우리의 인도자이며 하나님의 말씀이라는 것을 인식해야 한다. 그리고 이런 자세로 성경을 읽으면 우리는 하나님의 음성을 들을 수 있다.

축복하기 원하시는 하나님

나는 19년 동안 교회에 출석했고 성경구절도 많이 알았지만 하나님이 축복 받기 원하신다는 사실은 몰랐다. 주님 앞에 나아갈 때마다 나는 축복을 구하고 또 구하고 또 구했었다. 그렇지만 하나님도 축복을 원하신다는 것을 알게 된 것은 오랜 시간 후였다. 하나님이 스스로 축복하실 수 없는 분이라는 뜻이 아니고 우리가 그의 이름으로 축복하기를 원하신다는 뜻이다. 시편 134편을 보면 명백해진다.

"여호와의 모든 종들아 여호와를 송축하라 성소를 향하여 너희 손을 들고 여호와를 송축하라"

나 자신도 우리가 어떻게 하나님을 축복할 수 있는지는 잘 모른다. 그러나 당신 스스로 해답을 구하는 것보다 성경대로 순종하는 것이 더 낫다. 나는 성경과 과학이 때로는 커다란 차이를 가짐을 안다. 또

한 성경에는 아직 내가 이해할 수 없는 일들이 있다. 그러나 많은 사람들이 성경을 과학화하고 싶어하며 또 성경을 과학적인 자료화하려고 시도한다. 그런 사람들은 진리라고 증명된 성경의 부분들을 모은다. 그렇지만 과학으로는 전체 성경이 이해될 수 없다. 그것은 불가능하며 그런 작업은 불가능한 시도이다.

오늘날 현대 크리스찬에게 필요한 메시지는 "성경으로 돌아가라" 뿐 아니라 "성경의 단순성으로 돌아가라"일 것이다.

미국에서 인도네시아로 파송된 선교사 중 한 분이 내게 이렇게 물었다. "멜 형제, 인도네시아 부흥의 비결이 무엇이오? 우리 미국에도 이런 부흥이 가능하겠어요? 어떤 선교사는 이렇게도 묻는다. "저는 나이지리아로 돌아가게 되는데 그곳에서도 이런 부흥이 가능하겠습니까?" 이럴 때 나는 웃으면서 대답한다. "물론이지요."

"미국에서건 아폴로 14호에서건 주님은 동일하십니다. 사람들이 아폴로 호를 달에 발사한 것은 작은 컴퓨터인 당신의 뇌를 꺼내 작은 상자에 넣어서 보낸 것으로 볼 수 있습니다. 그렇지만 하나님은 당신의 마음을 사용하십니다. 당신이 하나님에 관한 일들을 접할 때는 당신의 마음을 사용해야 하고 마음으로 그것들을 믿게 됩니다. 당신은 하나님에 관한 일은 하나님의 말씀을 통해서 경험하도록 해야 합니다."

과학과 기독교는 중요한 차이가 있는데 과학은 믿기 위해서는 경험해야 하지만 기독교는 경험하기 위해서 믿어야 한다는 것이다. 시편 134편에 관해서도 나는 어떻게 우리가 주님을 축복할 수 있는지 모르겠다. 성경이 그렇게 말하고 있으므로 믿는 것 뿐이다. 왜 우리가 성전에서 손을 들어야 하는가? 나는 모른다. 하나님께서 그렇게 하라고 하셨기에 나는 손을 든다. 이런 것들을 우리가 다 이해할 필요는 없다.

나는 「자카르타」에서 「수라바야」로 비행기 여행을 한 적이 있다. 그

때에 내 옆에 의학박사가 앉게 되었다. 나는 그에게 예수 그리스도와 그의 사랑을 이야기했다.

"나는 당신의 말을 믿지 못하겠습니다. 왜냐하면 나는 하나님과 성령과 예수가 하나라는 것을 이해할 수 없기 때문이지요." 그 의사의 말이었다.

"의사 선생님, 선생님은 지금까지 모든 것을 이해해야만 믿었습니까?"

"나는 이해가 되어야 했지요. 이해할 수 없으면 나는 믿지도 즐기지도 않았지요."

"좋습니다. 잠시 후에 제가 한 가지 질문을 하겠습니다. 정직하게 대답해 주십시오."

그리고 나서 나는 기도했다.

"주님, 이 의사에게 할 말을 가르쳐 주십시오. 그는 심성(心性)이 좋은 사람입니다."

주님은 내게 말씀해 주셨고 나는 다시 말을 걸었다.

"선생님, 이 비행기 안의 공기가 시원하다고 느끼십니까?"

"예? 아, 예. 시원하군요. 지금 에어컨이 가동 중이기 때문에 이렇게 시원하지요." 그는 의외의 질문이란 듯이 이렇게 대답했다.

"선생님, 정직하게 말씀해 주십시오. 에어컨이 어떻게 작동하는지 아십니까?"

"아니요. 나는 에어컨에 대해서는 모르오."

"이제 선생님이 주장하시던 원칙으로 돌아가 보시지요." 내가 미소를 지었다.

"선생님은 자신이 어떤 것에 대해서 이해할 때까지는 그것을 믿거나 즐길 수 없다고 하셨습니다. 이제 선생님은 에어컨에 관해서 알지 못하므로 밖으로 나가주시겠습니까? 선생님이 에어컨을 이해하지 못하기 때문에 저는 선생님이 에어컨 바람을 즐기시는 것을 허락할 수 없습니다. 죄송하지만 이해하지 못하는 것을 즐기시면 안 됩니다. 밖으로 나가셔서 땀을 좀 흘리시지요. 밖에서 땀을 흘리던서 에어컨이 어떻게 작동하는가를 알게 되면 다시 오셔도 됩니다."

그는 얼굴이 울그락 푸르락해졌다.

"의사 선생님"

나는 말을 계속 했다.

"저는 지금 선생님의 원칙을 이해시키고 있는 중입니다. 선생님은 이해할 수 없는 것은 믿을 수 없는 분입니다."

그제서야 그는 나의 말을 이해하는 것 같았다. 내가 한 마디 덧붙였다.

"다른 질문을 하나 드리겠습니다. 이 세상에는 바나나 씨와 파인애플 씨 그리고 여러 종류의 과일 씨앗이 있습니다. 우리는 모든 씨앗을 같은 토양에 심습니다. 씨들은 같은 땅에서 동일한 비를 맞으며 똑같이 태양 빛을 쬐이며 자랍니다. 그런데 어떻게 한 나무에서는 바나나, 한 나무에서는 귤, 한 나무에서는 배가 열립니까? 저는 그것을 이해할 수 없습니다. 선생님은 이해가 되십니까?"

"아니요. 나도 이해가 되지 않소."

"그것을 모르면서도 바나나는 먹습니까?"

"예? 바나나는 내 몸에 좋은 것이니 사서 먹지요."

"그러나 당신은 그것을 먹을 수 없어요. 왜냐하면 당신은 바나나를 다 이해하지 못했기 때문이지요."

그는 이제 곤경에 처해서 어쩔 줄 몰라 했다. 그리고 나서 내가 그 의학박사에게 물었다.

"선생님, 사모님이 계시지요. 사모님을 사랑하십니까?"

그는 웃으며 대답했다.

"예. 사랑하지요."

"제가 스튜어디스에게 시험관을 가져오라고 할 것이니 선생님은 부인 사랑하는 것을 보여주실 수 있겠습니까? 만일 사랑을 보여 주지 못하고 사랑을 이해할 수 없으면 선생님은 부인 사랑하는 것도 중지해야 합니다."

나는 그 의사에게 자신이 이해하지 않으면 믿지도 즐기지도 않겠다는 그의 원칙을 다시 상기시켰다.

"당신 참 지독한 사람이군." 한참만에 의사가 신음하듯 내뱉은 말이었다.

"천만에요. 저는 선생님이 바로 이런 태도로 하나님을 대하고 있음을 알려 드렸을 뿐입니다." 내가 설명해 주었다.

"선생님은 하나님을 믿기 전에 이해하겠다는 분입니다."

우리가 헤어지기 전에 나는 그 의사에게 신약성경을 주고 읽어보라고 권했다. 나는 주님이 그 의사를 믿게 할 것이며 하나님의 능력과 그리스도의 사랑을 알게 해주실 것을 확신한다.

우리는 쉽게 성경의 창세기 1장 1절에서 요한계시록 마지막 절까지 믿는다고 고백한다. 그런데 우리는 전혀 경험하지 못했던 어떤 것에 관해서 말하는 성경 구절을 만나게 되면 그 부분을 설명해 보려다가 빗나가기 시작한다.

미국을 비롯한 전 세계의 여러 곳에서 흔히 이렇게 말하는 설교가들을 만나게 된다.

"성경의 이 부분은 원문이 아니고, 이 부분은 유대인만을 위한 것이고, 이 부분은 또 다른 처방을 위한 구절이다."

대개의 사람들은 성서를 마음대로 계산하려고 한다. 그래서 그들은 성서의 놀라운 체험들을 상실하고 말았다. 많은 사람들은 성경의 능력을 실제로 생활에서 체험하지 못하기 때문에 성경을 완전히 믿지 못한다. 그러나 당신은 성령의 도우심으로 성경을 이해할 수 있다.

나는 예수를 믿자마자 성경을 읽기 시작했다. 성경이 뭐라고 하면 나는 의심 없이 뛰었다. 어떤 사람들은 나를 미쳤다거나 바보라거나 할지 모르지만 성경은 순종이 제사보다 낫다고 가르친다. 사람들은 교회에 가서 순종함 없이 하나님을 예배한다. 이것은 의미가 없다. 우리는 우리 하나님께 복종해야만 한다, 하나님은 지금도 살아 계시고 바로 오늘도 역사하신다. 나는 순종을 좋아한다. 왜냐하면 나는 하나님을 사랑하고 있고 순종은 살아계신 하나님을 따르는 자의 특권이기 때문이다.

나는 당신도 나처럼 하나님께 순종하기를 원한다. 주님은 하늘과 땅을 지으신 분이시다. 그를 축복하자. 이것이 순종이다.

바울과 실라가 옥에 갇혔을 때 그들이 비명을 질렀는가? 아니다. 그들은 비명을 지르지 않았다. 그들은 무엇을 하였는가? 그들은 하나님을 찬양했다! 그들이 주를 찬양할 때에 하늘에서 천사가 내려와 옥을 뒤흔들었다. 찬양은 간수의 마음도 움직였다. 간수가 달려왔다.

"선생님들, 내가 어떻게 하여야 구원을 얻겠습니까?"

바울이 그에게 간략한 설교를 한 뒤 그 날 밤에 간수는 주님을 영접했다. 그것은 놀라운 일이었다. 어떻게 이런 일이 생길 수 있었을까? 바울과 실라가 주를 찬송하며 기뻐했기 때문이다. 크리스찬이 기뻐할 때 하늘에서 천사가 내려오고 이 세상도 기뻐한다.

구약 성경에 보면 하나님께서 이스라엘 민족에게 "여리고 성벽을 돌아라"고 하셨던 적이 있다. 그들은 어떻게 했는가? 이스라엘은 하나님께 순종하였다. 그들은 성벽 주위를 행진하였고 그 벽은 무너졌다.

전쟁에 이기기 위한 방법치고는 이상한 방법이었지만 이스라엘은 순종했다. 그들은 말씀에 복종했다. 마침내 성벽은 무너졌고 이스라엘은 여리고로 들어가 그 성을 함락했다. 이것은 사실이다.

하나님께서 그에게 복종하는 백성과 함께 일하시는 방법이 놀랍지 않은가! 지금은 우리 모두가 하나님께 순종하고 그의 말씀을 믿고 우리의 생활 전선에서 승리할 때이다. 그러기 위해 우리는 성경의 단순성으로 되돌아 가야만 한다.

오늘의 예수님

 인도네시아는 싱가포르와 말레이시아의 남쪽에 있으며 오스트레일리아에서 북쪽에 위치한 큰 나라이다. 이 나라는 동서로 약 4,800km, 남북으로 약 2,400km에 걸쳐 있다. 그 크기는 미국과 거의 같다. 단 미국이 모두 땅으로 이루어진 반면에 인도네시아는 주로 물로 이루어졌으며 1만 3천여 개의 섬이 있다.

 독일 장로교회의 선교사들이 인도네시아에 온 것은 약 3백년쯤 전이었다. 내가 사는 곳은 인도네시아 남단의 섬 티모르다. 선교사들이 티모르 섬에 도착해 주의 이름을 들어 보지도 못했던 우리 조상들에게 복음을 전했다. 이 섬 주민들은 여러 세대에 걸쳐서 큰 나무, 뱀, 종려나무 등에 절하며 그것들을 섬겨 왔다. 선교사들이 복음을 전하자 우리 가족을 포함해서 많은 사람들이 교인이 되었다.

 나도 어린 시절부터 교회에 다녔고 주일학교에서는 성경 구절을 암송하며 자랐다. 그리고 내딴에는 훌륭한 그리스도인이 되려고 노력했다. 매주일 아침 나는 교회에 출석했다. 수요예배와 기도 모임에도 참석했으며 스스로 그리스도인이라고 생각했다. 그러나 나와 하나님과의 개인적 관계는 거의 없었다.

왜 그랬을까? 나는 우리말로 된 성경을 소유하고 있었다. 그리고 예수 그리스도의 능력에 관해서도 읽었으며 그의 놀라운 약속들도 알았다(성경에는 약 3만여 가지의 약속들이 기록되어 있다). 그러나 솔직히 말해서 나는 19년간 교회를 다녔지만 우리 주 예수 그리스도께서 약속하신 단 하나의 약속도 체험하지 못했다.

무당에게도 간다

그리스도인이 되었어도 우리의 생활은 예전과 똑같았다. 가끔 병이 들면 의사를 찾아간다. 의사가 어쩔 수 없다고 하면 간혹 기도도 하여 본다. 내가 아파서 목사님께 찾아갔을 때 목사님은 이렇게 말씀하셨다.

"멜 형제, 만일 주님께서 당신을 치료하기 원하시면 낫게 될 것입니다."

"목사님, 주님이 저를 치료하시기 원하는지 원치 않는지를 알 수 없나요?"

"그것은 매우 어려운 일입니다. 그렇지만 함께 기도하십시다. 주님이 당신을 치료하시든 안 하시든 그것은 오직 주님의 뜻일 뿐입니다."

내가 답답해서 물었다.

"그러나 목사님, 야고보서 5장에 보면 병든 자에게 기름을 바르고 기도하면 성령께서 그를 치료하시리라고 기록되어 있는데요."

"예, 그것은 맞는 말입니다. 형제님, 그렇지만 성경은 2천년 전에 쓰여졌지요. 그런 이야기는 훌륭한 이야기지만 문자 그대로 믿기는 어렵습니다. 만일 주님이 당신을 치료하기 원치 않으시면 주님께 고통을 이길 수 있는 은혜를 주시도록 기도해야 합니다."

그래서 결국 나는 목사님의 말을 믿고 이렇게 기도했다.

"주님, 당신이 원하시면 저를 치료하여 주시고 만일 그렇지 않으면 인내할 수 있도록 도와주세요."

나는 집으로 돌아와서 병의 고통을 인내하고자 애썼지만 속으론 불만이 가득했다 - 왜 하나님은 우리를 이렇게 이해하기 어려운 방법으로 이끌고 계신가? -

당신은 이럴 때 우리가 무엇을 해야 하는지 아는가? 우리는 곧바로 무당에게로 간다. 무당들이 우리를 위해 기도하면 가끔은 30분쯤 후에 낫게 된다. 그러면 우리는 '도대체 하나님은 무어냐?" 하고 고개를 갸우뚱거린다. 무당은 항상 우리를 도와 주건만 하나님은 조금도 도움이 되지 못했다. 어느 쪽이 더 믿을 만한 신인가? 간절히 필요할 때 우리를 떠나버리는 예수인가 아니면 도움을 주는 므당의 신인가?

우리 공장에서는 강력한 사탄의 힘이 역사하고 있어서 크리스찬들을 놀라게 하고 의심 가운데로 몰아넣기도 한다. 이런 능력들이 나타나기 때문에 사람들은 점성술, 점괘판, 부적 등을 믿고 있다. 많은 사람들이 이런 것들의 도움과 인도를 구하고 있다. 독일 선교사들은 티모르 섬에서 60년간 주님을 위해서 사역했고 이 기간 동안에 약 8만여 명이 교인이 되었지만 생활방식은 변화되지 못했다. 우리는 하나님의 능력은 체험하지 못했으며 입술로 그리스도인이라는 고백은 하면서 생활은 예전의 방식대로였던 것이다.

인도네시아의 교역자들은 신자들이 사단의 권세로부터 헤어 나오지 못하기 때문에 심각한 문제의식을 느끼고 있다. 예수 그리스도와 인격적인 관계에 들어가 있는 신자는 극소수일 뿐이다. 이것이 비극이다. 사람들은 교회에 출석하고 찬송도 부르고 기도도 한 후에 집으로 돌아가서는 옛날 방식대로 살아간다. 교역자들이 약간의 보수를 받고 교회에서 일어나는 모든 일을 담당하고 책임진다. 그들은 사람들을 교회로 초청하는 데 최선을 다하며 불신자들에게 주님을 증거하는 데 열심이다. 그러나 평신도들은 전혀 교회에 관계된 일을 하지 않는다. 우리들은 이렇게 말했다.

"교역자와 교회의 직원들이 교회의 일은 모두 책임지는 거야. 우리는 그런 일을 하고 싶지도 않아. 우리는 우리 직업에만 몰두하면 되는 것이야."

현재의 하나님

주님은 최근 몇 년 동안에 여러 가지 놀라운 방법으로 우리 고장의 구태의연한 교회 생활 전체를 변화시켰다. 여러분은 아마 주님이 인도네시아에서 어떻게 일하셨는가에 대해 들었을지도 모른다. 나는 계시록 1장 4절, 8절, 11절을 당신과 함께 보고자 한다. 당신이 성경을 주의 깊게 읽는다면 이 구절이 주 예수께서 밧모섬에 있던 사도 요한에게 주신 계시임을 알게 될 것이다.

이것은 주 예수 그리스도의 증언이다. 모든 사도들이 그 자리에 함께 있지 않았다는 것이 아쉽다. 요한이 홀로 그 섬에 있는 동안에 주님이 찾아 오셨고 만물이 요한의 눈앞에서 천상의 세계처럼 변화되었다. 주님이 나타나서 요한에게 자신을 소개하셨다. 나는 주님이 어떻게 말씀하셨는가를 쉽게 깨달을 수 있다.

"나는 알파와 오메가이며 처음과 나중이다. 이제도 있었고 전에도 있었고 장차 올 전능한 자라."

이 말은 영어로는 참 멋지게 표현된다.

"나는 현재의 주이며 2천년 전의 주이며 장차 다시 올 동일한 주이다."

그런데 만일 주님이 적절한 순서로 소개했다면 이렇게 말해야 한다.

"전에도 있었고 지금도 있으며 앞으로 다시 올 자로다."

그러나 주님은 그렇게 말하지 않으셨다. 그분은 현재도 있고 과거에도 있었으며 미래에 다시 올 자라는 말로 시작하셨다. 왜 그랬을까? 나는 이 구절에 의문을 가졌으며 성령이 내 눈을 열어 이 진리를 알게 해 주셨다. 주님은 사도 요한에게 자신이 몇 년 전에 살았던 주님이나 2천년 전의 주 혹은 며칠 전의 주님일 뿐 아니라 바로 현재 우리와 함께 있는 하나님임을 알게 하기 원하셨다.

주님은 어제 어떤 일을 하신 분이거나 앞으로 어떤 일을 하실 분만은 아니다. 주 예수께서 요한에게 강조하셨던 것은 이것이었다.

"나는 오늘 여기 있다! 나는 현재의 하나님이다!"

"할렐루야!"

많은 그리스도인들이 주 예수를 소유하고 있지만 그들의 예수는 2천년 전의 예수에 불과하다.

'어제의 예수님'

우리는 수년 전에 사람들을 치료했던 예수, 수년 전에 귀신을 쫓아냈던 예수, 수십년 전에 사람들을 도우셨던 예수를 알고 있다. 이런 식으로 하나님을 믿기는 매우 어렵다. 그러나 주님은 말씀하셨다.

"나는 2천년 전의 예수가 아니라 바로 현재에 살아 있다."

만일 나에게 하나님이 필요하다면 수년 전의 하나님이 아니라 현재의 하나님인 것이다. 나에겐 현재의 하나님이 필요하다.

많은 그리스도인들이 '축복된 소망'을 이야기하며 산다. '그것은 무엇인가?' 하고 당신은 의문을 가질 것이다. 그런 사람들은 "요단강 건너가 만나리"라는 찬송을 즐겨 부르며 "새 하늘과 새 땅"에 대해 자주 이야기하고 "영광의 날에 재림하실 예수"를 고대한다. 그들은 주의 재림을 간절히 사모한다. 나도 역시 그런 열망을 가지고 있다. 그러나 그것은 희망인 것이다. 그 날은 지금부터 일년이나 하루나 혹은 1천년 후인 것이지 오늘은 아니다. 그것은 현재가 아니다.

나는 주님이 현재인 오늘 필요하다. 나는 내일을 살고 있지 않으며 어제는 영원히 지나가 버렸다. 오직 오늘을 가지고 있다. 주님의 능력이 필요한 것도, 주님의 사랑과 평강이 필요한 것도 바로 오늘인 것이다. 그렇기 때문에 나는 자신을 요한에게 현재의 하나님으로 소개한 예수님을 찬양한다.

"나는 알파와 오메가며 처음과 나중이며 지금도 있었고 전에도 있었고 장차 다시 올 전능자로다."

이 말은 주님이 이렇게 말씀하신 것과 같다.

"나는 현재 그리고 여기에 있는 예수 그리스도다. 너에게 문제가 있으면 지금 가져 와라. 네가 오늘 우울하면 지금 나를 찾아라. 네가 병들었느냐? 지금 나에게 나와라. 나는 현재의 하나님이다."

이것은 놀라운 진리가 아닌가? 이것은 축복된 사실이다. 나는 현재의 하나님인 주님을 찬양한다!

주님이 인도네시아에 부흥을 주시기 전까지 우리는 과거의 하나님과 미래의 하나님만을 알고 있었다. 우리에게 추억과 소망은 있었다. 우리는 2천년 전에 예수님께서 하셨던 일들과 어느 날 그가 재림하셔서 하실 일들을 이야기하며 찬송하였다. 그렇지만 우리의 삶 가운데 현재인 오늘에 일하시는 하나님은 체험하지 못했다. 이런 사실은 성령을 체험하기 전 우리 교회들의 슬픈 진실이었다.

그러던 어느 날 나의 마음 깊숙한 곳에서 안타까운 외침이 터져 나왔다.

"주님, 우리는 지금 2천년 전에 살고 있습니다."

우리 목사님은 이렇게 말씀하셨다.

"물론 주님은 2천년 전에는 기적을 행하셨습니다. 그러나 오늘날에는 기적을 행하지 않습니다."

오 …… 절망!

얼마나 절망했던가. 우리는 우리 왕의 위대한 옛 영화들은 간직하고 있으나 그 왕은 오늘은 아무것도 할 수 없는 분이었다.

가끔 그러나 아주 드물게 목사님은 주님의 재림에 관해서 설교하셨다. 그것이 축복된 소망이기는 했으나 현재적 이야기는 아니었다. 그래서 나는 오늘의 하나님을 섬기고 싶은 강렬한 소원이 있었다. 결국 나는 성경을 읽음으로써 하나님이 살아계신 분이라는 것을 깨닫기 시작했다. 그분은 오늘날 살아계신 하나님이었다. 그는 오늘도 나를 도우실 수 있는 분이었다.

만일 내가 죄의 멍에를 매고 있다면 주님은 곧 나를 끌어내어 자유케 하실 수 있는 분이셨다. 우리 인도네시아에 이런 찬송이 있다.

"주님은 내 마음의 사슬을 끊으셔서 자유케 하신다. 그는 나를 정결케 하시고 비길 수 없는 기쁨을 주신다. 그는 나를 웅덩이에서 건져내셔서 땅의 높은 곳에 올려 놓으신다. 주님은 내 마음의 사슬을 끊으셔서 자유케 하신다."

나는 그 찬송의 가사가 내 처지를 말하는 것 같아서 매우 좋아한다. 나는 사탄의 권세에 매여 있었고 죄의 멍에에 묶여 있었는데 어느 날 예수님이 그 멍에를 벗겨 버리고 나를 자유케 해주셨다. 그 당시에 나는 그리스도인의 삶이 그 단계에서 끝났다고 생각했고 여러 사람들이 내 의견에 동의했다. 즉 우리는 예수를 믿기만 하면 모든 것이 끝난 것이며 훗날에 천국에 가면 된다는 식으로 생각했다.

그렇지만 예수를 영접한 다음에는 무엇인가 더 있을 것 같았다. 주님은 우리가 예수를 영접하면 주와 더불어 살아야 한다(계 3:20)고 하셨다. 또 예수님은 이렇게 말씀하셨다. "내가 온 것은 양으로 생명을 얻게 하고 더 풍성히 얻게 하려는 것이라"(요 10:10).

나는 이 구절을 읽고 외쳤다.

"오, 예수님 참 멋있는 분이십니다!"

그리고 믿었다. '음, 예수님은 거짓말 하시는 분이 아니지. 그는 진리만을 말하는 분이야.'

에베소서 1장 3절에서도 우리는 아주 놀라운 구절을 보게 된다.

"찬송하리로다 하나님 곧 우리 주 예수 그리스도의 아버지께서 그리스도 안에서 하늘에 속한 모든 신령한 복으로 우리에게 복 주시되"

나는 성경을 읽을 때마다 그 속에서 축복과 충만한 기쁨에 관한 말씀들을 만난다. 빌립보서 4장 7절에는 "모든 지각에 뛰어난 하나님의 평강이 그리스도 예수 안에서 너희 마음과 생각을 지키시리라"라는 말씀이 있다. 그렇다. 하나님이 하나님의 평강을 주신다. 놀랍게 넘쳐 흐르는 평강. 그것은 참으로 신비한 일이다.

사도행전 1장 8절은 성령의 능력이 우리에게 임하시면 우리가 전 세계에 그리스도의 증인이 될 것이라고 했다. 나는 이 구절을 읽을 때 이렇게 투덜댔다. "주님, 우리에게 무엇이 잘못되었는지요? 우리 교회는 하나님의 능력도 없습니다. 우리는 아플 때마다 무당에게 찾아갑니다. 목사님이 기도해 주기는 하지만 그것은 형식적인 기도일 뿐입니다." (우리 교회 목사님은 자주 신유를 위한 기도를 한다. 그러나 간단히 인쇄된 기도문을 읽을 뿐이다. 혹은 찬송가 맨 뒤의 페이지를 펴고 모두가 함께 읽는 종교적 의식을 갖기도 한다)

나는 안타깝게 기도했다.

"오, 주님. 우리에게 잘못된 것이 무엇이지요? 목사님이나 저나 혹은 하나님 말씀이 사실이 아닌 것이 틀림없습니다. 우리는 진지하건만 아무 능력도 없습니다."

인도네시아 부흥이 시작된 날에서야 우리는 목사님과 우리가 틀렸었다는 것을 발견했다. 어느 누구도 예수님이 오늘날도 우리를 치료할 수 있다는 사실을 알지 못했던 것이다.

우리는 축복된 미래와 멋진 추억만을 보고 있었다. 그 날에야 우리는 예수님이 오늘날도 살아 계시고 우리와 함께 계시고 무슨 일이든 하실 수 있다는 것을 깨달았던 것이다. 예수님이 변하지 않는 분임도 알았다. 그분은 어제나 오늘이나 영원토록 동일하신 분이셨다. 주님께 찬양을 드린다.

하나님은 우리가 얼마나 불쌍한 상태에 있으며 얼다나 능력이 없는가를 아시고 예수 그리스도를 보내셨고 우리를 찾아 주셨다. 이사야서를 보면 당신은 하나님이 자기를 찾지도 않는 자들에게 자신을 계시하실 것이라는 말씀을 읽을 수 있을 것이다. 주님께 거듭 찬양을 드린다. 우리는 주 예수께서 친히 우리를 찾아 주실 정도로 믿음이 없었던 것이다.

8
사망에서 생명으로

성경은 오랜 책이지만 많은 민족의 역사를 바꾸었다. 나는 인도네시아에 성경을 전해준 미국 선교사들에게 감사하며 또 우리 주님께도 진심으로 찬양을 드린다. 이 책은 거렁뱅이를 살아계신 하나님의 자녀가 되게 했고 예수와 함께 그의 왕국을 통치할 왕이 되게 하셨다.

또 이 책은 왕을 거렁뱅이처럼 낮고 겸손하게 만들기도 했는데 이는 왕이라도 하나님 앞에서 아무것도 아니라는 것을 이 책이 깨닫게 하기 때문이다. 왕은 거지처럼 거지를 왕처럼 만든 이 책은 인도네시아인의 생활도 변화시켰다. 성경은 우리 아버지와 어머니의 생활을 바꾸었으며 나 자신의 생활도 변화되게 만들었다.

어느 날 밤에 우리 전도팀은 복음을 전하러 「아툼바」마을에 갔다. 목사님과 처남, 그리고 내 여동생이 동행했다. 그 밤에 우리가 숙박한 집의 여주인이 예수님을 영접하여 구원을 받았고 우리는 기쁨이 충만했다. 다음날 아침에 그 여주인은 우리의 아침식사를 준비하려고 부엌으로 갔다. 식사 준비를 하다가 그녀는 부엌에서 심장마비로 쓰러졌다.

그녀의 남편이 우리에게 뛰어왔다.

"선생님들, 빨리 부엌에 가서 내 아내를 위해 기도해 주세요. 어디가 아픈지 모르겠습니다."

우리는 부엌으로 가서 그녀의 주위에 둘러섰다. 우리의 팀리더가 그 부인을 자세히 살펴보았다. 그는 직업이 의사였다. 면밀히 살펴보던 그는 절망적으로 소리쳤다.

"오, 하나님, 이미 죽어버렸군요."

우리는 위로할 말도 잊고서 멍하게 서있었다. 그때에 내 처남이 우리에게 와서 말했다.

"옆 방으로 가십시다. 여러분께 할 말이 있습니다."

그래서 우리는 그를 따라갔다. 우리가 방에 다 들어서자 처남이 입을 열었다.

"주님이 제게 말씀하시길 우리가 그 여자의 곁에 서서 그녀를 위해 기도하면 주님은 그녀를 죽음에서 생명으로 일으키리라 하셨습니다."

나는 사람의 생명이 돌아오도록 기도한다는 것은 생각조차 처음으로 해보았고 경험은 더구나 없었기 때문에 머뭇거릴 수밖에 없었다. 성경을 알고 있었고 나사로와 도르가가 떠올랐지만 그것이 현실적으로 느껴지지는 않았다. 나는 하나님이 어떤 사람을 사망에서 생명으로 옮길 수 있는 분인지도 확신하지 못했다.

그래서 나는 처남의 말을 들으면서 이 일을 가늠해 보았다.

"처남, 나는 그렇게 하지 않는 것이 좋겠어."

그때는 이미 어린아이들이 울음을 터뜨리기 시작했고 이웃 사람들이 몰려들어 많은 사람들이 그 집에 있었다. - 만일 우리가 곁에 가서 기도를 하고 아무런 일도 일어나지 않는다면 우리는 많은 사람들 앞에서 망신을 당한다 -

나는 죽은 사람에게 가서 기도한다는 것은 어리석은 짓이라고 생각했다.

그렇게 생각하면서 나는 부엌에 가지 않을 구실이 필요해서 처남에게 물었다.

"정말로 하나님께서 말씀하셨음을 확인할 수 있겠어요?"

"물론이지요. 저는 분명히 압니다."

그래서 나는 팀의 다른 사람들에게 물었다.

"우리 처남과 같은 인도하심을 받은 사람이 있습니까? 나는 이 일이 정말 하나님께로부터 온 것이라는 자신이 없습니다. 여러분 중에 가서 기도하고 싶은 사람은 가도록 하세요. 죄송하지만 저는 함께 가서 기도하고 싶지 않으니 이해하시기 바랍니다. 나는 여기서 기도하는 것이 더 좋겠습니다. 그러나 우리 중에 제 처남과 같은 하나님의 인도가 있는 분은 함께 기도하러 가십시오."

말을 마치고 나는 목사님을 쳐다보고 물었다.

"목사님, 목사님은 어떻게 생각하십니까?"

"멜 형제, 나도 하나님의 인도하심을 못 받았어요. 형제와 함께 여기에 머무르겠습니다." 목사님이 대답했다.

나는 팀원 중에 다른 한 사람에게 물어 보았다.

"형제님의 생각은 어떻습니까?"

"제 생각에도 여기서 하나님의 인도하심을 기다리는 것이 좋을 것 같습니다."

결과적으로 더이상 할 말이 없게 되었다. 지금 생각해보면 나는 진정으로 하나님의 인도를 구하지 않았었다. 하나님이 그런 일을 할 수 있다고 믿지를 못했던 것이다. 하나님의 말씀을 아는 것은 쉽지만 어떤 상황에서든지 하나님이 인도하신다고 믿기는 참 어렵다. 나는 내가 계산적인 생각으로 하나님과 내 주장 사이에 서있는 것을 여러 번 발견했었다. 이때도 그들 사이에 서서 망설이고 있었던 것이다. 내 처남은 아무도 함께 기도하기를 원하지 않았기에 하나님께 복종할 수 없었다.

결국 그도 "저도 우리가 모두 이 방에서 기도하는 것이 좋다고 생각합니다."라고 동의했다. 우리는 그렇게 하였다. 모두 그 방에 모여서 몇 시간을 계속 기도했다. 그러나 죽은 여인은 살아나지 않았다.

"주님, 무엇이 잘못되었습니까?" 내가 물어 보았다.

"나는 네가 그녀의 곁에 서서 기도하기를 원했다. 그러나 너희가 그렇게 하지 않았으므로 아무런 일도 일어나지 않은 것이다."

주님의 말씀이었다.

결국 마을 사람들이 그 여인의 장례식을 치르고 매장하였다. 우리는 하나님의 역사를 보지 못하고 그 마을에서 떠났다. 그 순간에 하나님께서 내 마음에 그 여인은 생명을 다시 얻으므로 예수의 이름이 영광을 받으시도록 예비되었었다는 감동을 주셨다. 그러나 우리의 불신앙으로 인해 예수 그리스도의 역사가 제한된 것이었다. 아-아, 나는 두려움을 느꼈다. 그 후에 나는 그 마을에 갈 때마다 나의 불신앙의 기념비같은 공동묘지를 바라보았다. 하나님은 우리에게 매우 분명하게 말씀하셨건만 우리는 그분을 신뢰하지 않았던 것이다.

이 일은 나에게 예수께 나왔던 한 사람을 생각나게 하였다. 그 사람은 예수께 나와서 자기 아들이 죽었다고 말하자 주님은 그에게 이렇게 말했다.

사망에서 생명으로 | 91

"가라! 네 아들이 살았다."

그 사람은 예수의 말을 믿고 집으로 돌아갔다. 만일 우리가 오늘날도 그와 같은 믿음이 있고 하나님의 말씀을 신뢰한다면 우리는 세상을 거꾸로 돌릴 수도 있으리라. 우리는 주님께 우리의 불신앙을 용서해 주시기를 간구했다.

"주님, 만일 우리에게 다른 기회가 주어지면 우리는 진정으로 당신의 말씀대로 따르기를 원합니다."

죽은 자가 살아나다

얼마 후에 우리는 「암호앙」이라는 마을에 갔었는데 그 마을에 초상집이 있었다. 죽은 사람은 이틀 전에 죽었다고 했다. 유가족들이 장례식에 우리를 초대했는데 사실 우리뿐이 아니고 수백 명의 사람들이 초청되었다. 유가족들이 우리에게 "저희 가족에게 위로의 말을 좀 부탁합니다"하며 청했던 것이다. 우리가 그곳에 도착해보니 1천 명이 넘는 사람들이 모여 있었다.

그 남자의 시체는 죽은 지가 이틀이나 지났으므로 매우 부패해 있었다. 우리 열대지방에서는 사람이 죽고 여섯 시간이 지나면 썩기 시작한다. 그러니 이틀이면 구역질이 날 정도이다. 미국인들은 미국식 장례식이 매우 위생적이기 때문에 이런 상황을 잘 이해할 수 없다. 그러나 미국의 장례식 비용이 2천불이나 되는데 비하여 우리 인도네시아에서는 죽은 사람에게 그렇게 멋있는 대우를 하지 않는다. 죽은 후 이틀이 지난 시신들은 보기에도 참혹하다.

우리가 그 집에 도착해서 조문객들 옆에 서있는데 갑자기 주님이 말씀하셨다.

"지금 저 관 곁에 가서 죽은 사람 주위에 둘러서서 찬송하여라. 내가 그를 사망에서 생명으로 옮길 것이다."

나의 처남을 통해서 말씀이 떨어지자 나는 한숨을 내쉬었다.

"오, 주님. 첫번에 죽었던 여자는 죽고, 몇분되지 않았었습니다. 그러나 지금은 다릅니다. 이 사람은 죽은 지가 이틀이나 지났기 때문에 우리는 정말 난처합니다. 오 - 오, 불가능합니다. 이번에는 시간이 너무 흘러버렸습니다."

나는 다른 형제의 의견을 듣고 싶었다.

"당신의 생각은 어떻습니까?"

내 두뇌는 다시 재빠르게 움직였다. 형제들의 머리드 역시 민첩하게 움직이고 있었다. 우리는 할 것이냐 말 것이냐 다시 황황하기 시작했다. 그 순간 우리는 우리가 하나님의 말씀을 신뢰하지 못함으로 실패했던 지난 일을 얼마나 애석하게 여겼는가를 기억해 냈다. 그래서 나는 즉시 기도했다.

"오, 주님. 저에게 당신의 말씀을 믿을 수 있는 단순한 마음을 주옵소서."

나는 예수께서 여리고 마을에 가셨을 때를 기억해 보았다. 삭개오는 예수를 기다리기는 했으나 잘못된 장소에서 기다렸었다. 그는 나무 위에 올라갔었다. 예수님이 말씀하셨다.

"삭개오야 내려와라"

주님은 그의 집을 방문했고 삭개오는 매우 기뻤다. 그는 예수를 만나기 위해 아마도 2~3미터의 나무에서 내려와야 했을 것이다. 그러나 현대에는 우리가 나무와 접하여 살지 않기 때문에 나무에서 내려올 필요가 없다. 우리는 단지 30센티만큼 내려올 필요가 있다. -바로 우리의 머리에서 우리의 가슴까지- 우리는 모든 하나님의 말씀을 머릿속에 가지고 있고 머리로 계산해 보기 때문에 하나님의 능력을 잃어

버린다. 우리가 하나님의 말씀을 우리의 머리에서 가슴까지 한 발자국만 끌어내리면 내가 확신하기는 오늘날도 하나님의 능력이 강력하게 역사할 것이다.

나는 주님께 간절히 기도했다.

"오, 주님, 저에게 단순한 마음을 주시고 우리의 중심을 움직여 주옵소서."

그리고 우리는 전과같은 실패를 되풀이하지 않도록 주님께 복종하기로 결정했다. 우리는 죽은 사람이 있는 곳으로 가서 빙 둘러섰다. 찬송을 부르기 시작했다. 사단은 우리에게 이렇게 속삭였다.

"이처럼 썩은 사람을 두고 찬송하는 것은 바보짓이다. 썩는 냄새가 30미터 밖에서도 나지 않느냐. 너희가 시체 곁에 가까이 둘러서면 입을 열 때마다 악취와 독한 냄새가 숨을 꽉꽉 막을 것이다. 이런 일은 바보짓이다."

그것은 사실이었다. 그러나 나는 계속해서 주님께 복종해야만 했다. 우리는 찬양을 시작했다. 첫번째 찬송이 끝났다. 아무런 일도 일어나지 않았다. 우리는 다소 동요했다.

-주님 만일 이 사람을 살리시려거든 빨리 일으켜 주세요. 저희는 이 시체 주위에 서있기가 어렵습니다. 악취 때문에 더 이상 찬송을 부르지 못하겠습니다.-

두번째 찬송도 끝났다. 아무 일도 없었다. 다섯번째 찬송이 끝날 때까지 아무 일도 일어나지 않았다. 그러나 여섯번째 찬송을 부르는데 시체의 발끝이 움직였다. 우리는 공포에 휩싸였다. 인도네시아에는 가끔 죽은 사람이 깨어나서 관 근처의 사람을 껴안고 다시 죽는다는 이야기가 전해져 왔다. 그렇지만 우리는 더 가까이 가서 찬송했다.

우리의 일곱번째 찬송이 끝나고 여덟번째 찬송이 시작되는데 그 형제가 깨어났다. 그리고 주위를 둘러보며 미소를 지었다. 그는 어느 누구도 껴안지 않았다. 그리고 그는 이렇게 말했다.

"예수님이 저를 살리셨습니다. 형제 자매 여러분께 드릴 말씀이 있습니다. 한가지는 생명이 죽는다고 끝이 아니라는 겁니다. 저는 이틀 동안 죽어서 그것을 체험했습니다." 또 한가지는 하며 그가 말을 계속했다. "지옥과 천국은 실제로 존재합니다. 나는 그곳도 체험해 보았습니다. 제가 여러분께 말씀드리고자 하는 마지막 한가지는 여러분이 이 세상에서 예수 그리스도를 만나지 못하면 결국 천국에 가지 못합니다. 오직 지옥에 가서 죄 값을 받을 것입니다."

그가 여기까지 말하고 난 후에 우리는 성경을 열고 그의 말을 하나님 말씀으로 확증하였다. 죽었다가 살아난 사람은 예수를 개인적인 구원자로 영접했다. 뿐만 아니라 그의 사역으로 인하여 그 지방의 2만 1천여명 이상의 사람들이 예수를 구주로 영접하게 되었다.

물이 포도주로 변하다

부흥이 시작되기 전 인도네시아 교회는 성찬식에 증류주(브랜디나 위스키의 일종)를 사용하였다. 그 술이 너무 독하지 않도록 우리는 물과 설탕을 약간씩 넣어서 사용했다. 이런 방법이 오랫동안 지속되었다. 그러나 진심으로 회개한 사람들이 목사님께 항의하였다.

"만일 목사님이 계속 술을 사용하시면 저희는 성찬식에 참여하지 않겠습니다."

그래서 목사님과 제직자들이 의논한 후에 설탕을 몇 조각 넣은 차를 대신 사용하기로 결정했다. 그 후로는 우리 교회에서 달짝지근한 차로 성찬식을 해왔다. 인도네시아에서 차로 성찬을 하게 된 유래가 이렇다고 주님이 우리에게 알게 하셨다. 우리는 왜 예수님과 사도들이 사용했던 것과 똑같은 성찬을 할 수 없을까? 우리들은 우리도 성찬 때 예수님의 방법을 그대로 따라보기로 결정했다.

바로 1967년 10월 이후로 우리는 교회에서 성찬을 할 때마다 물을 떠서 놓고 그 그릇 위에 손을 얹고 기도했으며 주님은 물을 포도주로 변하게 하셨다. 주님은 60회 이상 이런 기적을 베푸셨다. 성경은 사실이었다.

"너의 하나님이 너희 모든 필요를 그의 영광의 풍성한 가운데서 채우시리라."

티모르에는 술을 만들 포도가 없었지만 하나님은 기적을 통해서 우리의 필요를 채워 주셨다. 할렐루야! 주 예수께서 성경이 2천년 전의 사람들을 위한 낡은 책이 아니라는 것을 보여주신 것이다. 그것은 하나의 경이로움이었다. 성경은 조간신문보다 더 긴요한 것이다. 우리는 하나님이 우리 생활에 필요한 모든 것의 공급자이심을 신뢰해야 한다. 그의 영광은 우리의 모든 필요를 채우시기에 충분하다.

1968년 「숨바」섬 전도여행에서 막 돌아온 나는 하나님이 교회에 포도주를 주셨다는 이야기를 들었다. 그런 소식은 너무나 여러 곳에서 들렸다. 나는 그 이야기를 믿을 수가 없었다. 여러 가지 기적이 일어나는 것을 보아왔지만 그 일은 우습게 생각되었다. '그것은 어리석은 간증이야'라고 생각했다. 다시 한번 내 두뇌가 믿음을 방해하고 있었던 것이다. 사람들이 직접 내게 찾아와 그 기적에 관해서 증거했지만 난 믿을 수가 없었다.

다음 성찬 예배를 앞두고 하나님은 우리에게 기도 그룹을 만들라고 말씀하셨다. 주님은 다른 형제들을 통해서 나에 관한 지시도 하셨다. 바로 나를 이 기도 모임에 참여시켜서 주님이 물을 포도주로 변하게 하는 것을 보도록 하라는 지시였다. 나는 하나님의 능력으로 물이 포도주로 변하는 것을 확인하고 싶었기 때문에 기뻐하며 그 기도그룹에 참여했다. 그때까지 나는 정말로 하나님이 이런 일을 하신다고 믿지 않았었다.

　나는 속으로 그들이 설탕과 꿀을 물에다 넣고 그것을 기적이라고 퍼 뜨린다고 단정했다. 그리고 그들은 색소까지 준비하고 있다고 속단했 다. 하나님이 기도그룹에 말씀하셨다.

　"멜 형제에게 물을 떠오게 하고 모든 일이 분명하고 명확하다는 것을 확신시켜라. 어떤 미심쩍은 구석도 없게 하라."

　그래서 그들이 나에게 말했다.

　"시간이 되면 당신이 가서 물을 떠오세요." 그들은 나에게 물통을 가지고 가야 한다고 알려 주었다.

　이 말은 나를 매우 기쁘게 했다. 왜냐하면 이렇게 하면 나 스스로도 어떤 의심이 없이 기적을 분명하게 확신할 수 있기 때문이었다.

　나는 우물로 가서 물통에 물을 가득 채워서 우리가 기도할 처소로 가지고 왔다. 그러자 주님은 나에게 벌레가 들어가지 못하도록 물통을 천으로 덮으라고 했다. 다음에 주님이 팀에 말씀을 주셨다.

　"멜 형제가 팔로 물통을 안고 천을 붙잡고 있도록 해라."

　그래서 나는 천을 붙잡았다. 당신은 왜 주님이 이렇게 지시하셨는지 아십니까? 주님은 내가 기도하느라 눈을 감고 있는 동안에 그들 중에 누군가 천을 들치고 어떤 것을 물에 넣지 않을까 의심하는 것을 아셨다. 나는 내 팔로 물통의 언저리를 누르고 아무도 천을 들칠 수 없게 했다. 하나님은 내가 기적의 하나님을 확실히 믿도록 배려해 주신 것이었다.

　내가 그 물통을 꼭 잡고 우리는 기도를 시작했다. 기도하는 중에 천 한쪽이 물에 빠졌다. 그래서 나는 천을 집어 올렸다. 천이 물에 젖어

축축했다. 한 시간 정도 기도했다. 그 때 다시 보니까 천의 물에 잠긴 부분이 주홍빛으로 변해 있었다. 나는 어안이 벙벙했다. 어떻게 물과 천이 주홍빛으로 변했는지 이해하기 어려웠다. 옆의 형제가 나에게 말했다.

"멜, 주님이 포도주를 주셨어요. 포도주 향기가 납니까?"

"나는 냄새를 모르겠어요." 나의 대답이었다.

"아마 내 코가 잘못 되었나봐! 주홍빛은 분명히 보이는데!"

그 때에 주님이 우리에게 말씀하셨다.

"자 지금 포도주를 떠가지고 목사님께 갖다 드려라. 그리고 목사님 댁에 가기 전에 이 모임에 세명이 포도주 맛을 보아라."

내 처남과 여동생 그리고 내가 이 특권을 누리게 되었다. 나는 참으로 기뻤다. 포도주 빛이 아주 짙은 분홍빛이었기에 맛도 훌륭할 것으로 짐작했다. 처남이 첫번째로 맛을 보았다. 나는 그의 얼굴을 유심히 살폈다. 왜냐하면 그가 미소를 지으면 좋은 포도주가 된 것임에 틀림없기 때문이었다. 포도주를 맛본 그는 환하게 웃었다. -오 정말 맛있는 포도주가 된 모양이구나-

그리고 두번째로 내가 포도주를 한 컵 맛보게 되었다. 맛이 어땠을까요? 그것은 완전히 맹물 맛이었다. "오, 주님 이것이 어찌된 일입니까?" 나는 주님께 물었다. "이 기적에 무엇이 잘못되었습니까? 당신은 이것이 포도주라고 하셨고 빛깔도 주홍빛이 되었는데 맛은 물맛입니다."

나는 잘못된 점을 찾아보려고 생각에 잠겼다. 내 혀가 잘못되었거나 아니면 내 생활에 문제나 죄가 있기 때문이리라. 나는 간절히 기도하고 있었다.

"맛이 어떻습니까?" 기도 회원들이 우리에게 물었다.

"오, 이처럼 맛있는 포도주를 주신 주님께 찬양을 드립니다." 내 처남이 대답했다.

"오, 사랑하는 주님. 다른 형제들이 맛이 어떤가를 묻습니다. 주님 참으로 난처합니다. 나의 주여 무엇이 잘못 되었습니까?"

주님이 나에게 말씀하셨다.

"멜, 아무것도 잘못되지 않았다."

"아무것도 잘못되지 않았다구요? 잘못된 것이 없다니. 오~ 오 주님, 이것은 단지 색깔 있는 맹물일 뿐입니다. 이건 포도주가 아닙니다!" 내가 항변했다.

"멜, 너는 믿음의 진정한 의미를 알아야 한다. 나는 너에게 이것이 포도주라고 했다. 너의 혀와 머리는 이것을 맹물이라고 말한다. 너는 어느 것을 믿겠느냐?"

나는 생각에 잠겼다. 내가 해야 할 말이 무엇인가. 형제들은 내가 "주를 찬양하라"라고 하거나 "할렐루야"하는 말을 원하고 있다. 나는 형제들에게 대답을 하지 못하고 주님께 물었다.

"주님, 형제들의 질문에 무어라고 답해야 합니까?"

주님이 말씀하셨다.

"너는 이렇게 말하라. 이처럼 맛있는 포도주를 주신 주님을 찬양합니다."

"주여, 주님은 지금 저를 놀리시는군요. 저는 거짓말을 못합니다." 내가 볼멘 소리로 대답했다.

"너는 성경을 펴 히브리서 11장 12절을 보아라."

형제들이 나의 대답을 기다리고 있었기 때문에 나는 황급히 성경을 펼쳤다.

"이러므로 죽은 자와 방불한 한 사람으로 말미암아 하늘에 허다한

별과 또 해변의 무수한 모래와 같이 많이 생육하였느니라"

나는 주님이 어떻게 아브라함에게 해변의 모래를 보여 주었으며 말씀하셨는가를 알게 되었다.

"아브라함아 이 모래를 셀 수 있겠느냐?"

"아니요. 세지 못하겠습니다."

주님이 안심시켰다. "괜찮다. 네 자손이 이 해변의 모래보다 많게 될 것이다."

아브라함은 집으로 돌아와 사라에게 말했다.

"사라, 내 말 좀 들어 보시오. 우리는 아이를 가지게 될 것이고 우리 자녀들이 해변의 모래보다 많게 될 것이요."

당신은 아브라함의 나이가 1백세 가량 되었다는 것을 염두에 두어야 한다. 그러니까 그는 할머니에게 손자를 보게 될 것이라고 말하는 상태가 아니고 할머니가 임신하게 될 것이라고 말하는 중이었다. 우리는 이런 상태를 정확히 읽지 못하고 "하나님께서 아브라함에게 그렇게 말씀하신 의미를 파악하는 것이 중요하다"고 이야기 한다. 그러나 아브라함과 사라가 얼마나 하나님께 신실했으며 주님께 경배하고 감사한 일도 매우 중요하게 생각해야 한다.

아브라함은 정말 흥분했다. 당신은 사람이 아빠가 될 때에 얼마나 기뻐하는지를 알 것이다. 그는 아마 친구들을 찾아다니며 하나님의 약속에 관해서 모두 이야기했을 것이다. 나는 이곳 저곳을 다니며 자랑하는 아브라함을 쉽게 상상할 수 있다.

"헤이, 좋은 소식이 있어. 내가 곧 아빠가 될 거야. 그리고 바닷가의 모래보다 많은 가족을 거느리게 될 거야."

친구들은 웃었을 것이다. "아브라함아, 너 같은 늙은이가? 꿈을 꾸고 있군. 너 누구를 희롱하는 거니? 너 나이가 몇이냐?"

아브라함이 대답한다. "1백세쯤 되었지."

"오, 그런데도 네가 아이를 가질 수 있단 말이냐?"

그들이 묻는다. "사라는 몇 살이냐?"

"그녀는 90세쯤 되었지." 아브라함이 대답한다.

"아브라함, 너희 부부가 미쳤구나. 그런 어리석은 생각은 잊어버려라." 그들은 비웃었다.

그러나 아브라함은 하나님의 사람이었다. 온 세상이 그에게 하나님이 하신 말씀이 불가능하다고 할지라도 그는 하나님이 말씀하셨기에 가능하다고 믿었다. 그는 하나님의 말씀에 굳게 섰다. 환경을 바라보지 않았다. 아브라함은 하나님과 그의 약속만을 바라보았던 것이다.

생각이 여기까지 이르렀을 때 주님이 말씀하셨다.

"자, 멜, 이렇게 말하여라. '주님을 찬양합니다. 이것은 훌륭한 포도주입니다.' 이 고백은 내가 이 물을 포도주로 변하게 한다는 것을 믿는 신앙의 행위이다."

나는 하나님이 말씀하시는 뜻을 깨달았다. 그래서 나는 형제들에게 대답했다.

"주님을 찬양합니다. 이것은 매우 맛있는 포도주입니다."

우리는 목사님 댁에 갈 준비를 하였다. 나는 방의 맨 구석에 앉아 있었다. 조금은 두려웠다.

나는 기도했다.

"주님, 저는 믿음으로 물을 포도주라고 선언했습니다. 그렇지만 목사님이 포도주를 맛보실 때는 그냥 물 맛일 겁니다. 주님, 저를 용서하시고 긍휼을 베푸소서."

우리가 목사님 댁으로 가보니 목사님과 장로님들이 기다리고 있었다. 목사님은 매우 기뻐했고 우리는 함께 찬송을 불렀다. 한 곡이 끝나고 목사님이 말했다. "자, 우리에게 포도주를 주신 하나님께 찬양을 드립시다." 다시 찬송을 드렸다. 그리고 나서 목사님이 물통에 다가가 앉으셨다.

"포도주 맛을 보고 싶군요. 그 맛이 얼마나 좋은가 보십시다."

이제 올 때가 왔구나. 나는 눈을 감았다. 심장이 심하게 고동쳤다. 나는 비장하게 기도했다.

"주여, 저것은 물입니다. 당신이 더 잘 아십니다. 지금이라도 기적을 일으키십시오. 오-오! 주님 지금이라도 어떻게 좀 해주세요."

목사님이 컵을 들어서 '포도주'를 가득 담았다. 나는 그의 얼굴을 주시했다. 숨도 크게 쉴 수 없을 지경이었다. - 오, 주님 목사님이 포도주를 입에 넣으면 어떤 표정을 짓겠습니까?- 목사님이 포도주를 삼켰다. 나는 그의 표정에서 생각을 읽어낼 수가 없었다. 그가 포도주를 맛본 후에 입을 열었다.

"주님께 찬양을 드립니다. 아주 맛이 좋습니다."

나는 내 귀를 의심했다. 목사님은 장로님들에게 권했다. "자, 포도주 맛을 보세요." 그들은 모두 포도주를 맛보았고 맛이 훌륭하다고 칭찬했다. 나는 나도 한번 맛보는 것이 좋겠다는 생각이 들었다. 그래서 일어나 포도주를 다시 입에 대어 보았다.

그것은 완전한 포도주였다!

나는 어리둥절했다. 집으로 돌아와서 처남에게 물었다.

"자, 처남. 나에게 진실을 말해주게."

"예, 무슨 일입니까?"

"자네 포도주 맛을 보고 무엇이라고 했나?"

"맛있군요. 주님을 찬양합니다. 그랬었죠."

"목사님 댁에서 아니고 자네 집에서 맛이 어떠했나?" 내가 힘주어 말했다.

"정직하게 대답하게"

그는 나에게 말했다.

"완전히 맹물 맛이었습니다."

"무엇이라고! 맹물 맛이었어?" 내가 소리쳤다.

"그럼 왜 자네는 훌륭한 포도주라고 말했는가?"

그가 대답했다. "저는 저 자신의 혀보다는 하나님의 말씀을 신뢰했습니다."

"오-오! 내 사랑하는 형제여 자네는 나에게 누가 진정한 믿음을 가진 크리스찬인지 가르쳐 주었구려."

그리고 나는 내 여동생에게 같은 질문을 하였다. 그녀도 역시 맹물 맛이었다고 대답했다. 그래서 내가 왜 '주님을 찬양합니다. 훌륭한 포도주군요'라고 말했는가를 물었다. 그녀 역시 이렇게 말했다.

"나는 나의 의심의 고백보다는 하나님의 말씀을 의지했습니다."

나는 크게 깨달았다. 그리고 고백했다.

"예수님, 당신께 감사를 드립니다. 하나님의 말씀은 어떤 환경에서건 진리입니다"

9
사탄의 능력

내가 미국에 있는 동안에 느낀 가장 큰 문제점은 미국 교회가 사탄의 능력이 실재한다는 것을 깨닫지 못하고 있다는 것이었다. 사탄이 사람들의 눈을 멀게 해서 문제점조차 보지 못하게 하고있었다. 대개의 경우 우리 크리스찬은 타인의 마음 깊숙한 곳에 있는 문제에 대해서 그것을 어떻게 다루어야 할지를 모른다. 그 결과 그리스도인들이 하나님의 능력을 상실하였다.

이사야 61장 1절에서 3절을 보면 이런 말씀이 있다.

"주 여호와의 신이 내게 임하셨으니 이는 여호와께서 내게 기름을 부으사 겸비한 자에게 아름다운 소식을 전하게 하려 하심이라 나를 보내사 마음이 상한 자를 고치며 포로 된 자에게 자유를, 갇힌 자에게 놓임을 전파하며…… 무릇 시온에서 슬퍼하는 자에게 화관을 주어 그 재를 대신하며 희락의 기름으로 그 슬픔을 대신하며 찬송의 옷으로 그 근심을 대신하시고 그들로 의의 나무 곧 여호와의 심으신 바 그 영광을 나타낼 자라 일컬음을 얻게 하려 하심이라."

　나는 이 구절에서 하나님께서 예수 그리스도를 이 땅에 보내신 여러 가지 목적을 볼 수 있다고 믿는다. 겸비한 자에게 전파될 것은 천사가 목자들에게 말한 것처럼 구원의 복된 소식을 뜻한다. "내가 온 백성에게 미칠 큰 기쁨의 좋은 소식을 전하노니 구주가 나셨음이라."

　구원과 죄의 용서가 그리스도 사역의 유일무이한 첫 부분이다. 대개의 신자들은 이 단계에서 멈춘다. 그러나 예수의 사역은 이보다 더 깊은 곳까지 미친다. 많은 교회들이 신유를 인정하고 신유의 사역을 하고 있다. 이것은 좋은 일이다. 나는 신유를 중요하게 여긴다. 우리 인도네시아에서는 3만명 이상의 사람들이 치유를 체험했다. 그러나 우리는 신유가 외적인 것임을 깨달아야 한다. 몸은 치료받고 영혼은 지옥에 간다면 얼마나 끔찍한 일이겠는가.

　만일 어떤 사람이 병들어 있는 동안만 주님이 그에게 말씀하실 수 있고 병든 동안만 그가 주 앞에 나온다면 그 사람은 병든 상태가 바람직하다. 그리스도는 우리의 치료를 위해서 대가를 치르셨고 우리는 그것을 믿어야 한다. 그렇지만 그리스도의 사역이 여기까지만은 아니다. 교회에는 예수 그리스도의 구원과 신유만을 신봉하는 사람이 많다. 나는 이런 그리스도인들에게 찬성하지 않는다.

　이것은 야구 경기에 표를 사는 것과 같다. 구경꾼은 관람하기만을 원하고 선수가 되기는 원치 않는다. 신앙이 이러면 이기적이고 자기만족적이 된다. 크리스찬의 삶에는 구원과 신유 이상의 목적이 있다. 사랑이 많으신 하나님께서 구경꾼으로서의 삶을 살도록 인간을 창조하신 것은 아니다. 만일 우리의 삶이 구경꾼 같은 것이 전부라면 우리는 아마 천국에서 지루할 것이다.

하나님은 우리가 구원받기만을 원하시지 않고 그와 더불어 깊은 생명을 누리기를 바라신다. 하나님은 우리의 생활이 풍성하기를 바라시며 그래서 하나님 나라에도 유익을 끼치기를 원한다. 우리를 돕기 위한 예수의 사역은 우리 필요의 아주 깊은 곳까지 만족시킨다.

이사야서에는 이런 구절도 있다.

"그가 마음이 상한 자를 고치기 위해 나를 보냈다."

나는 미국을 여행하면 할수록 많은 그리스도인들이 상한 마음을 가지고 있으며 과거의 경험 때문에 깊은 상처를 가지고 있음을 알게 되었다. 대개의 미국인의 마음에는 쓴 뿌리와 응어리가 있었다. 그 결과 그들은 마음 깊은 곳에서 비애를 느끼며 능력과 기쁨이 없었다. 상담을 통해 나는 이런 쓴 뿌리가 그들의 과거 때문임을 발견했다. 가끔은 그들의 어린 시절에, 가끔은 십대의 상처로 인해 괴로워한다.

심지어 그들이 크리스찬이 되고 속죄를 경험했어도 마음의 증오와 쓴 뿌리는 그대로 있었다. 많은 그리스도인들은 이런 문제들을 치유하기 위해 하나님 앞에 내어놓을 생각도 하지않고 있다.

천식이 치료되다

많은 사람들이 그들의 상처를 영적인 열심으로 잊고자 한다. 그들은 하나님을 더 알려고 매달리고 허둥거리며 스스로를 만족시킨다. 그런데 그들에게 필요한 것은 하나님이 그들의 깊은 필요들을 만족시킬 수 있도록 마음을 여는 일이다. 이런 예의 하나는 내가 오하이오주에서 만난 한 여인이었다.

그녀는 천식으로 20년 이상을 고통 당하고 있었다. 우리는 한 모임에서 만나 그녀의 병을 위해 기도했다. 그러나 아무런 차도가 없었다. 나는 이상하게 생각했다. - 그녀에게 무슨 잘못이 있는가 아니면 내가 그녀에 대한 하나님의 뜻을 깨닫지 못한 것인가- 그런데 그 도시를 떠나기 전날 밤, 우리가 함께 대화하는 중에 주님이 나에게 '마음이 상한 자를 고치시며'라는 말씀을 주셨다. 나는 그 때까지 이 구절의 뜻을 완전히 이해하지 못했었다.

"누구를 미워하고 있습니까?" 내가 그녀에게 물었다.

"지금은 아닙니다. 그리스도인이 되기 전에는 미워하는 사람이 있었어요. 그러나 지금은 미워하는 사람이 없습니다."

나는 내 질문이 잘못되었음을 깨달았다. 질문을 바꾸어 다시 물었다.

"과거에 어떤 사람이 자매님을 괴롭힌 일이 있지요. 당신은 그를 용서했지만 당신에게 상처는 아직 남아있지 않습니까?"

그녀는 내 말을 이해하지 못했다. 나는 그녀를 탓할 수 없었다. 그 원인은 내가 그녀에게 던진 첫 질문이 잘못되었기 때문이었다. 우리는 여러 가지 이야기들을 나누었고 결국 주님이 그녀의 문제들을 조명해 주셨다.

그녀는 울먹이기 시작했다. "예, 상처가 아직 남아 있어요. 저는 상처받은 사람입니다."

그녀의 어머니는 그녀가 어렸을 때 돌아가셨고 아버지는 재혼하셨다. 그녀의 계모는 여러 가지 방법으로 이 여인을 학대했다. 심지어 계모의 자녀들이 잘못해도 이 여인이 대신 매를 맞았다. 그녀는 계모와 대항해서 싸우지는 않았지만 속으로 앙심을 품고 있었다. 그 상처는 더욱 깊어만 갔다. 그녀는 회심하면서 계모를 용서하였다. 그러나 하나님께 마음 속 깊은 상처는 내어놓지 않았고 그 상처가 남아 있었던 것이다. 그 날 밤에 나는 하나님께서 그녀의 상처 난 마음을 치료하시도록 기도했다.

이사야 61장 3절은 눌린 영에 관해서 말하고 있다. 많은 사람들이 과

거의 경험 때문에 아직도 눌린 영의 상태에 있다. – 심지어 성령세례를 체험한 사람까지도 – 그들은 하나님께 가져오기만 하면 치료될 그런 문제들을 스스로 품고 있는 것이다.

함께 기도하고 난 후에 그녀가 말했다.

"주님을 찬양합니다. 저는 완전히 자유함을 얻었어요. 마음속 깊은 곳에서 자유가 솟아나요. 무어라 설명할 수 없지만 기쁨과 평안이 넘쳐납니다."

다음날 아침 그녀가 일어났을 때 천식은 깨끗이 나아 있었다. 그녀의 천식은 내적 상처에 대한 외적인 표시였던 것이다.

미국의 커다란 문제점

나는 미국인의 질병 중 95%는 그 뿌리가 정신적인 것이며 단지 5%만이 정말 육체적인 것이라 말할 수 있다. 신경쇠약은 대개 긴장, 의심, 걱정, 공포 때문에 야기되는 정신적인 병이다. 미국 전역을 순회하면서 나는 신경쇠약에 걸린 채로 사는 사람들을 많이 만났다. 이것은 경악할 일인 것이다. 미국인들에게는 구원 이상의 것이 필요하다. 그들에게는 예수 그리스도의 깊은 차원의 사역이 절실한 것이다.

미국에서는 하나님의 법에 기초한 훌륭한 것이 많다. 그러나 교회는 아주 약하다. 대다수의 교인들은 전쟁터에서 예수의 도움 없이 홀로 싸우고 있다. 신자가 혼자 싸움을 하면 곤경에 처할 수밖에 없다. 미국인들도 "십자가 군병들아"라고 찬양은 부르지만 자신들은 앉아 있고 목사들만 군병이 되라고 한다. 이 얼마나 슬픈 일인가.

미국에 참으로 필요한 것은 교회가 생기를 찾고 예수가 주시는 기쁨과 평강을 누리는 일이다. 이사야 61장 1절은 우리에게 포로된 자를 자유케 하고 갇힌 자에게 놓임을 선포하라고 말한다. 오늘날에는 사탄의 올무가 50년 전보다 10만 배나 강력하다. 따라서 영적인 사역이 매우 필요한 것이다.

미국의 마귀들

오늘날 미국의 마귀들은 점쟁이, 손금 보는 사람, 카드 점, 새 점, 테이블 강신술, 심령술, 부적, 사단 숭배, 작명술 등의 형태로 존재한다. 이것은 끔찍한 악이다. 대다수의 미국인들은 점치는 일과 친숙하게 지낸다. 신문에도, 잡지에도, T.V.에도 사람의 눈이 닿는 어느 곳에도 점과 관련된 글들이 있다. 이런 마귀의 영향에서 자신을 지키기는 쉽지 않다. 어디를 가건 마귀와 부딪힌다. 우리 그리스도인들은 이런 것들의 지독한 위험을 알아야 한다. "이런 것들은 마귀의 일이 아니야. 단지 장난이고 오락일 뿐이야. 이것은 문화에 불과해." 이런 식으로 말해서는 안 된다.

이렇게 말하면 우리는 마귀와 싸울 근거가 없어진다. 이런 말은 우리가 마귀는 실제로 존재하지 않는다고 하는 것과 같다. 마귀는 그렇게 생각하기를 바란다. 이런 생각은 마귀가 자유롭게 활동하도록 눈 감아 주는 것이다.

우리는 신명기 18장 10절에서 13절의 말씀을 명심해야 한다.

"그 아들이나 딸을 불 가운데로 지나게 하는 자나 복술자나 길흉을 말하는 자나 요술하는 자나 무당이나 진언자나 신접자나 박수나 초혼자를 너희 중에 용납하지 말라. 무릇 이런 일을 행하는 자는 여호와께서 가증히 여기시나니 이런 가증한 일로 인하여 네 하나님 여호와께서 그들을 네 앞에서 쫓아내시느니라 너는 네 하나님 여호와 앞에 완전하라"

악한 마술과 선한 마술

　마술에는 두 가지 종류가 있다. 즉 악한 마술과 선한 마술이다. 악한 마술은 그 능력으로 사람을 죽이는 것이다. 나는 미국에 이런 마술이 많다고는 생각지 않는다. 그러나 미국의 신문을 읽어보면 이런 마술 역시 미국에 나타나고 있다. 선한 마술은 오늘날 미국에 악영향을 끼치고 있다. 내가 말하는 선한 마술이란 사람에게 이롭기도 한 마귀의 능력을 뜻한다. 즉 사람을 치료하는 능력이나 장래 일을 예언하는 점쟁이들의 능력을 말하는 것이다.

　많은 미국인들이 사단의 역사를 하나님의 음성이라고 착각할 정도로 마귀의 능력에 무지하다. 그렇다고 우리는 그런 사람들을 비난할 수도 없다. 만일 양떼에게 좋은 풀이 없다면 건초 먹는 양을 탓할 수 없지 않은가. 미국의 목사님들은 그들이 교인들에게 좋은 꼴을 먹이고 있다고 생각한다. 그렇다면 왜 교인들이 점쟁이에게로 가고 하늘의 별자리를 쳐다보는가? 이유는 교회가 예언의 은사를 상실했기 때문이다. 그래서 교인들은 마귀로부터 미래를 알려고 하는 것이다. 이런 모든 마귀의 능력은 성령의 은사의 모조품이다.

　이런 것에서 우리를 구해내는 유일한 길은 우리의 생활에서 하나님의 역사하심을 체험하는 것이다. 그것만이 유일한 방법이다.

　오늘날 교인들은 설교와 말씀에 지쳐있다. 대부분의 교인들은 설교자가 딱 5분만 설교하기를 좋아한다. 그리고 사람들은 무엇인가에 의지하고 싶어한다. 이 세상은 타락한 세상이고 그래서 진리가 필요하다. 사람들에게는 요새가 필요하며 그 요새는 예수와 그의 능력이다.

　사람들이 점쟁이를 찾는 것은 두 가지 큰 잘못을 범하는 일이다.

　첫째는 하나님께서 그것을 하지 말라고 하셨기 때문에 계명을 범하는 죄를 짓는 것이다.

둘째는 마귀의 멍에에 매이게 된다. 이 멍에는 용서가 필요한 것이 아니고 해방이 필요하다.

이 두 가지 일은 완전히 다르다. 오늘날 우리들은 죄를 위해서는 자주 기도한다. 그러나 해방을 위해서는 거의 기도를 하지 않는다. 우리는 마태복음 18장 18절을 실천해야 한다.

"진실로 너희에게 이르노니 무엇이든지 너희가 땅에서 매면 하늘에서도 매일 것이요 무엇이든지 땅에서 풀면 하늘에서도 풀리리라"

우리는 기도해야 한다. 만일 우리에게 열 가지 멍에가 있으면 그것들을 하나하나 예수의 이름으로 끊어야 한다. 이 멍에를 끊음으로써 우리는 자유하게 된다. 크리스찬으로서 우리는 마귀의 권세를 압도하는 권세를 소유하고 있다. 이것이 에베소서 2장 6절에 있는 그리스도 안에 있는 우리의 위치이다.

"또 함께 일으키사 그리스도 예수 안에서 함께 하늘에 앉히시니"

우리는 사탄의 권세 위에 앉아 있다. 크리스찬으로서 우리는 이 권세를 사용해야 한다. 그렇지 않으면 우리의 형제들이 고통당하는 채로 지내게 된다.

모든 사람은 자기 집에 있는 모든 마귀적 요소를 찾아내야 한다. 만일 점괘가 실린 신문이 배달된다면 그 신문을 구독하지 말아라. 신문을 보지 않는 편이 당신의 가정에 훨씬 좋다. 왜 그런가?

신명기 7장 25절과 26절은 명백히 그 이유를 말한다. (성경이 어떤 것에 대해서 말하면 우리는 순종해야 한다)

"너는 그들의 조각한 신상들을 불사르고 그것에 입힌 은이나 금을 탐내지 말며 취하지 말라 두렵건대 네가 그것으로 인하여 올무에 들까 하노니 이는 네 하나님 여호와의 가증히 여기시는 것임이니라 너는 가증한 것을 네 집에 들이지 말라 너도 그와 같이 진멸당할 것이

될까 하노라 너는 그것을 극히 꺼리며 심히 미워하라 그것은 진멸 당할것임이니라"

인도네시아에서 우리는 항상 이 말씀을 지켰다. 우리가 성경을 단순하게 믿으면 하나님은 정말 놀라운 방법으로 역사하신다. 나는 인도네시아의 그리스도인들은 이 진리를 상실하지 않았다고 믿는다. 성경이 "그것을 네 집에 들이지 말라!"고 말하면 당신은 순종하는 것이 좋다. 사람들이 점괘나 부적 그리고 운세판 등을 집에 가지고 있었기 때문에 발생한 재앙들은 너무나 많다.

TV도 사단의 능력을 집안까지 끌어들이는 나쁜 도구 중의 하나다. 사람들은 TV에 대해서 너무나 부주의하다. 사탄은 어린이들이 모든 마귀적 요소들을 눈에 익히게 만든다. 진정 이것은 끔찍한 사실이다.

당신은 지금 추수를 하는 중이다. 이 페이지를 아주 주의해서 읽어야 한다. 당신의 동료 그리스도인들에게 모든 종교적인 조각품, 우상처럼 만들어진 골동품, 나쁜 잡지, 음란서적, 점술 책 그리고 모든 불건전한 것들은 버리라고 경고하고 그런 것들이 있으면 태워 버려라. 마귀적 요소가 조금이라도 가미된 것은 무엇이든지 버려야 한다.

조상들에 의한 굴레

그리스도인들이 자유케 되어야 할 또 다른 마귀의 속박이 있다. 성령의 충만함을 받아 교회가 부흥되는 동안에 주님은 우리에게 이 부분에 관한 진리도 열어 주셨다.

출애굽기 20장 5절은 우리에게 이렇게 경고한다.

"그것들에게 절하지 말며 그것들을 섬기지 말라 나 여호와 너의 하나님은 나를 미워하는 자의 죄를 갚되 아비로부터 아들에게로 삼사대까지 이르게 하거니와"

예를 들어 나의 할아버지가 생전에 여러 여인들을 데리고 사는 죄를 범했으면 이 간음의 영은 내 아버지에게로 그리고 나 자신과 자녀들에게까지도 영향을 미친다. 많은 그리스도인들이 이런 영향을 받는다. 심지어 성령 충만한 크리스찬까지도 그들을 방해하고 타락케 하려는 어떤 힘을 느낀다. 그것은 크리스찬들을 잘못된 길로 밀어 버리는 나쁜 영의 힘인 것이다. 우리가 이 영을 추적해 보면 종종 조상들로부터 온 것임이 밝혀진다.

베드로전서 1장 18절에 보면 실제로 그런 내용이 있다. 만일 아버지가 분노의 영을 가지고 있으면 자녀들도 역시 같은 영을 소유하고 있다.

"너희가 알거니와 너희 조상의 유전한 망령된 행실에서 구속된 것은 은이나 금같이 없어질 것으로 한 것이 아니요"

많은 우리 조상들은 미신적이었고 사단의 세계와 밀접하게 살았다. 그런데 20세기에도 그렇게 많은 사람들이 미신적인 이유는 무엇인가? 그 이유는 바로 미신은 우리 조상들로부터 유전된 것이기 때문이다. 나는 주님께 질문했었다.

"왜 우리가 조상들의 죄 때문에 고통을 받아야 합니까?"

주님이 말씀하셨다. "사탄이 역사하는 방법에는 두 가지가 있다. 그것은 사람을 구덩이에 빠지게 하는 방법이 두 가지인 것과 같다. 하나는 스스로 빠지게 하는 것이고 다른 하나는 다른 사람에 휩쓸려서 빠지게 하는 것이다."

사탄의 권세에 의한 속박도 마찬가지이다.

첫째는 우리 자신이 직접 점을 치고 악한 행위를 하는 것이다.

둘째는 우리 조상들이 범한 죄의 사슬에 의해 묶이는 것이다.

지금도 사탄은 조상들이 받은 저주를 끈으로 우리를 이 세대에도 똑같은 죄를 범하도록 끌고 가는 중이다. 나는 여러분이 여러분의 생활에서 모든 사탄의 영향력을 끊어 버리는 것이 매우 중요함을 깨닫게 되기를 주 예수께 기도한다. 이것이 우리 조상들로부터 유전된 죄로 인한 고통을 극복하는 길이다.

10
하나님이 우상을 태워버리다

우리 선교팀 중의 한 팀이 1년 6개월 전에 우상에 관한 놀라운 경험을 하였다. 주님이 그 팀에게 포루투갈 영(領) 「티모르」에 갈 것을 지시하셨다. 그리고 선교팀에게 '길가에서 잠을 자라'고 특별한 지시를 하셨다.

"만일 주민들이 그들의 집으로 초청하면 주인의 명령이 길 가에서 노숙하라는 것이므로 안 된다고 대답하여라"

그래서 그들은 포루투갈 영(領) 「티모르」에 가서 주님이 지시하신 대로 길가에서 노숙했다. 하루 밤이 지나갔다. 이틀 밤, 사흘 밤이 지나갔다. 그들에게 관심을 가지는 주민들은 아무도 없었다. 나흘 째 되는 날에야 그곳 주민들은 낯선 사람들이 길 가에서 노숙하는 것을 알게 되었다.

"당신들은 어디에서 왔습니까?" 주민들이 물었다.

"저희는 인도네시아에서 왔습니다. 저희 주인이 여기로 가라고 하셨습니다."

"여기에 무엇을 하러 왔습니까?"

"우리도 잘 모릅니다. 다만 주인이 여기로 가라고 명하셔서 우리는 복종했을 뿐입니다."

"당신들의 주인이 누구입니까?"

"저희가 지금은 말씀드릴 수 없습니다."

이런 대화 후에 주민들은 선교팀을 그들의 집으로 초청했다.

"우리 집에 와서 묵으십시오. 여러분이 길가에서 자는 것은 좋지 않습니다."

"오, 안 됩니다." 팀의 한 사람이 황급히 대답했다.

"여러분의 호의는 감사합니다만 우리 주인께서 엄히 명하시기를 절대로 집에 들어가지 말고 길가에서 자라고 하셨습니다."

– 참 웃기는 주인도 다 있군 – 주민들이 수군거렸다 – 그 주인은 자기 하인들에게 재미있게 일을 시키는 모양이군 – 그러나 주민들은 시간이 지날수록 궁금해졌고 의심도 생겼다. 결국 사람들은 선교팀을 첩자일 것으로 단정하고 경찰에 신고하였다.

즉시 달려온 경찰은 선교팀의 주인이 누구며 직업이 무엇인가 물었다.

"이렇게 해주시면 말씀드릴 수 있습니다." 선교팀의 한 형제가 대답했다. "1천 명의 사람들을 모아 주시면 대답하겠습니다. 그렇지 않으면 한 마디도 말할 수 없습니다."

그래서 경찰은 사람들을 1천 명 이상이나 모이게 해놓고 선교팀을 오라고 했다.

"자 여러분이 사람들을 모아 주셨으니 저희도 저희 약속을 지키겠습니다." 선교팀원들은 모든 주민이 볼 수 있는 언덕에 가서 섰다. 그리고 한 형제가 성경을 꺼내 들고 설교를 시작했다.

"우리 주인은 예수 그리스도이십니다." 그가 외쳤다.

"우리도 예수를 안다." 군중 속에서 어떤 사람이 소리쳤다. "우리 마을엔 신부님도 있다. 그를 모셔와도 좋으냐?" 주민들이 선교팀에게 물었다.

"상관없습니다. 가서 데리고 오십시오." 선교팀이 대답했다.

"가서 신부님을 모셔 오자." 그들이 몰려갔다. 잠시 후 신부님이 매우 화가 나서 나타났다.

"우리도 그리스도인이다." 신부가 볼멘 소리로 말했다.

선교팀원들은 애처로운 표정으로 고개를 저었다. "주님은 당신이 우상을 가지고 있다고 말씀하십니다."

"우리에게 우상은 없다." 신부가 주장했다.

선교팀과 신부가 한동안 언쟁을 한 후에 협의했다. 그들은 주님이 우상이 있다고 알려 주신 장소인 그들의 교회로 함께 가기로 동의했다.

교회에 들어서자 거기에는 여러 가지 상(像)들이 있었다.

"이것들이 바로 당신들의 우상입니다." 선교팀원들이 지적했다.

"이것은 우상이 아니요." 신부는 매우 당황해 하며 말했다. "이 상(像)들은 바울, 마리아, 예수, 요한 등 성자들이요."

"그러나 주님은 우리에게 이것들을 우상이라고 하셨습니다."

논쟁은 끝이 없을 것 같았다. 그 때 선교팀 중의 한 사람이 이렇게 제안했다.

"그것들이 우상인가 아닌가를 우리는 알 수 없으니 하나님께서 판정하시도록 합시다. 신부님도 성경의 엘리야와 바알 선지자들의 이야기를 기억하시지요? 그러면 우리 기도하도록 하십시다. 이 상(像)들을 모아놓고 만일 하나님이 이것들을 기뻐하지 않으시면 하늘에서 불을 내려 태우도록 간구 하십시다."

그 제안에 따라서 모든 상(像)들은 가운데 방으로 모아졌다. 그것들은 모두 놋쇠, 나무, 석고로 만든 것이었다. 사람들은 상(像)더미 뒤로 둘러섰고 선교팀원 중의 한 사람이 기도했다. 그는 하나님께서 그 더미를 불태우심으로 최종적인 결정과 증거를 보여주시도록 간구 했다. 아멘 소리가 끝나고 잠시 긴장된 침묵이 흘렀다. 갑자기 불이 번쩍하면서 날카로운 굉음이 들렸다. 마치 번개가 치는 것 같았다. 우상더미가 일순간 재가 되었다. 신부님은 매우 흥분하였다. 그는 손을 비비면서 말했다.

"나머지 우상들도 태워야 하겠다. 교회 뒤뜰에도 있다. 우리 그것들도 태워 버립시다." 그래서 사람들은 교회 뒤로 가서 다른 상(像)들도 파내어 철제 조각들도 불태웠다. 교회에는 우상이 하나도 없게 되었다.

그 날에 많은 사람들이 주님을 영접했다. 선교팀이 그곳을 떠날 때 신부님이 부탁했다. "주님이 허락하시면 꼭 다시 한번 와주세요."

11
필요를 채우신다

티모르에도 병원이 있다. 그런데 부흥이 일어난 후에 병원에서 크리스찬은 찾아보기 어렵게 되었다. 주로 모슬렘, 이고도 등 불신자들이 있으며 극소수의 신자만이 병원에 있다. 왜 그런가? 그 이유는 크리스찬들은 병이 들면 기도하였고 그들은 하나님께서 치료할 것을 믿었던 것이다.

나는 미국에 와서 미국인들이 머리가 아프면 곧 아스피린 병을 찾는 것을 알았다. 마치 아스피린 병이 예수님인 것처럼. 또 대부분의 미국인들은 병에 걸리면 의사를 찾아가지 예수를 생각하지 않는다. 그러나 부흥 후에 인도네시아의 그리스도인들은 병원에 가거나 아스피린 병을 집기 전에 예수님께 기도한다.

이렇게 생각해보면 재미있다. 당신이 예수를 신뢰하면 걱정과 근심이 사라진다. 걱정과 근심이 없어지면 위장병과 두통도 없어진다. 즉 당신이 주님의 평강을 소유하면 자주 아프지 않으리라는 것이다. 따라서 미국의 문제와 미국인들이 수백만 개의 아스피린 정을 먹는 이유는 당연히 밝혀진다. 결국 미국인들은 예수의 진정한 평안을 모르고 있다는 것이다.

내가 인도네시아에 있을 때 하루는 어떤 간호사 아가씨가 찾아왔다. 그녀는 매우 화가 나있었다.

"멜 형제님. 이 부흥은 좋지 않습니다"

"왜요 ?" 내가 물었다.

"음, 왜냐하면 우리 병원이 지금 적자 상태이기 때문입니다"

"예? 그럼 병원에서 바라는 목표가 무엇입니까?" 내가 그녀를 쳐다보았다.

"물론 온 국민이 건강하게 되도록 이바지하는 것이지요"

"그렇다면 기도를 해서 하나님께서 온 국민의 건강을 지키시도록 하는 것이 우리의 일인데 당신은 왜 화를 내고 우리를 비난합니까?" 내가 다시 반문했다.

그리고 나는 그 간호사에게 주 예수 그리스도를 영접하는 법에 관해서 이야기했다. 나는 주님이 그녀에게도 도움을 주실 수 있는 분임을 말해 주었다. 잠시 후 그녀는 기도하였고 주 예수를 그녀의 개인적인 구원자로 영접했다. 지금 그녀는 여러 마을로 다니며 사람들을 치료하는 일을 하고있다. 많은 경우에 그녀는 환자에게 기도만 해준다. 후에 나는 그녀에게 물어보았다. 사람들을 병원에서 치료하는 것과 기도로 치료하는 것중에 어느 쪽을 좋아하느냐? 그 간호사는 사람들을 위해서 기도하는 편이 좋다고 했다. 왜냐하면 환자들을 병원에서 돌보는 일은 무척 힘들기 때문이란다.

"환자들을 위해 기도하면 어떤 경우에 주님이 1분만에 고쳐주십니다" 그 간호사의 고백이었다.

"우리의 수고가 많이 덜어집니다. 가끔 우리는 1백여 명의 환자들을 놓고 한꺼번에 기도하기도 합니다. 주님은 그 많은 사람들에게 놀라운 방법으로 역사하십니다. 주님이 고치시지 않으면 제가 며칠을 고생하며 돌봐야 할 사람들인데 말입니다"

그리고 그녀는 덧붙여 말했다.

"오, 멜 형제님. 예수님의 방법은 우리의 방법보다 훨씬 훌륭합니다"

정글 속을 비추는 빛

우리는 자주 밤길을 가야하고 캄캄한 정글을 통과해 여행할 때도 많다. 이런 일은 정말 힘들다. 우리는 길을 찾을 지도도 없다. 이럴 때 우리는 하나님께 빛을 달라고 기도한다. 하나님은 이스라엘 민족을 불기둥으로 인도하신 분이다. 왜 우리에게 빛을 주시지 않겠는가? 성경은 변하지 않는다.

우리가 기도하니 하나님은 비행기의 라이트처럼 밝은 빛을 주셨다. 그 빛이 왼쪽으로 가면 우리도 왼쪽으로 갔고 빛이 오른쪽으로 움직이면 우리도 오른쪽으로 움직였다. 빛이 똑바로 진행하면 우리도 똑바로 진행했다. 결국 우리는 하나님께서 원하시는 우리의 사역지인 마을과 교회를 발견케 된다. 주님은 여러 차례 캄캄한 정글 속에서 우리를 이런 방법으로 인도하셨다. 길은 모르면서도 빛만 따라가는 우리들, 우리가 빛을 좇아가면 항상 우리는 하나님께서 원하시는 장소에 정확히 도착하게 된다.

구름이 양산이 되다

우리는 가끔 한낮에 여행을 하기도 하는데 인도네시아의 한낮은 무척 덥다. 보통 90 °F에서 120 °F 정도 되는데 당신이 한번 다녀보면 현기증을 느낄 것이다. 그런데 하나님은 우리에게 구름 기둥을 주셨다. 그는 구름을 하늘에 펼쳐 놓으셔서 우리 주위를 그림자가 감싸게 하셨다. 우리가 앞으로 나아가면 그림자도 앞으로 나아왔다. 이것은 마치 커다란 양산을 쓰고 걷는 것과 같아서 우리는 주님께 감사의 찬양을 드렸다.

성경은 이렇게 말한다. "나의 하나님이 주 예수의 영광과 그의 부요를 좇아 너희의 모든 필요를 채우시리라" 나는 만일 당신에게 빵이 필요하다면 하나님께서 빵을 주실 것을 믿는다. 또 돈이 필요하면 돈도 공급하실 것을 믿는다. 그리고 하나님은 당신에게 육신적 치료가 필요하면 육신적 치료를 베푸실 것이며 영적 치료가 필요하면 영적 치료도 베푸실 것이다.

나는 기적에 관한 많은 이야기를 했다. 그렇지만 기적을 너무 강조할 필요는 없다. 오히려 당신의 눈은 예수께 집중해야 하는 것이다. 우리는 예수께서 우리의 마음과 생활을 주장하시도록 해야 한다. 나는 인도네시아에서 우리를 사용하신 주님이 당신도 사용하시기를 소망한다.

우리는 종종 이렇게 찬양한다.

"하나님의 눈앞에 드러나지 않은 것은 없다"

나는 이 찬송의 가사처럼 당신의 삶이 하나님 앞에 온전히 드려져서 하나님이 사용하는 사람이 되길 기도한다.

미국의 잘못된 헌금 방법

그리스도인의 사업은 돈이 전부가 아니다. 나는 미국 교회의 헌금 방법에는 찬성할 수가 없었다. 이 문제는 나를 괴롭혔다. 인도네시아 부흥기간 동안에 주님은 우리에게 '너희가 돈이 필요하다는 것을 어느 누구에게 광고하는 것도 허락지 않는다' 고 말씀하셨다.

"만일 너희에게 돈이 필요하면 나에게만 말해라. 오직 내게만 요청해라"

하나님이 우리에게 이렇게 말씀하셨던 것이다. 그의 은혜가 우리와 함께 하는 한 우리는 결코 어느 누구에게도 돈 이야기를 하지 않는다.

당신은 미국의 교회들에서 어떻게 하고 있는지를 아는가? 대개의 경우에 있어서 미국인들은 성령의 역사를 무시하고 있다. 종종 나는 예수에 관해서는 5분, 돈에 관해서는 25분으로 구성된 설교를 듣는다.

한번은 내가 예배 드렸던 교회에서 몹시 당황했던 적이 있었다. 목사님이 일어나더니 이렇게 말했다.

"주님이 내게 말씀하시기를 이 자리에 새 빌딩을 구입하는데 주님의 이름으로 250불을 헌금할 성도가 서른세 명이 있다고 하십니다."

- 오, 사랑하는 예수님. 얼마나 많은 사람들이 돈을 걷기 위해서 당신의 이름을 사용하는지요? - 나는 속으로 탄식했었다.

"자, 우리 함께 기도하십시다. 우리가 하나님의 부르심에 응답할 수 있도록 기도 드립시다." 목사님이 기도를 인도하셨다. "마귀는 여러분께 속삭일 것입니다. 내일 더 큰 물질을 드릴 수 있다고 그러나 주의하십시오. 하나님은 당신이 오늘 헌금하시길 원하고 계십니다."

그리고 나서 목사님은 성경 잠언 27장 1절을 강해하셨다.

"너는 내일 일을 자랑하지 말라 하루 동안에 무슨 일이 날지는 네가 알 수 없음이라."

"바로 오늘입니다." 그는 힘주어 강조했다. "누가 250불을 헌금하시겠습니까?" 나는 이 돈이 잘못된 곳에 사용되리라고 말하는 것은 아니다. 아마 옳은 곳에 쓰여질 것이다. 그러나 두려움과 협박으로 돈을 걷는 것은 주님의 방법이 아니다.

갈라디아서 1장 6절은 이렇게 기록되어 있다.

"그리스도의 은혜로 너희를 부르신 이를 이같이 속히 떠나 다른 복음을 좇는 것을 내가 이상히 여기노라."

이 구절이 현대 교회들에게 적용되는 말씀이다. 동기는 영적인지 몰라도 취하는 방법은 지극히 육신적이다. 그 결과 우리는 오염된 복음을 갖고 있는 것이다.

하나님께서 나에게 우리 교회 뒤에 쓰레기장을 만들어야 한다고 알려 주신 적이 있었다. 그래서 나는 교인들에게 짤막하게 광고했다.

"오늘 하나님의 축복을 받으실 분은 예배 후에 헌물 하셔도 됩니다."

이런 방법은 할 수 있는 것이다. 나는 결코 돈을 요구하지 않았지만 하나님은 내게 미국과 전 세계를 다니도록 필요한 물질을 공급하셨다. 50센트가 전부였던 내 주머니는 과부의 기름병(왕하 4:1-8 역자 註)처럼 끊어지지 않았다.

공개적으로 헌금을 하면 두 가지 위험이 있다.

첫째는 억지로 하게 되는 것이다. 가끔 사람들은 헌금할 마음이 없으면서도 남이 보니까 무엇인가를 넣게 된다. 이것은 그 개인에게나 교회에게나 영적인 축복이 되지 않는다.

둘째는 헌금을 과시하게 된다. 20달러나 100달러짜리를 남에게 과시하면서 헌금하는 사람이 있다. 이런 사람의 속에 있는 영은 아주 나쁘다. 그런 자세는 동전 몇 개라도 정성껏 헌금하는 사람에게 무안을 주는 나쁜 태도인 것이다.

그러나 우리가 하나님이 말씀하셨기 때문에 돈을 바치게 되면 그 돈에는 기도하는 마음과 정성이 담긴다. 그리고 하나님은 진정한 축복을 주신다. 나는 현대 교회들의 헌금 방식을 쥐고 흔드는 사람이 되기를 원치 않는다. 그러나 지금 이야기한 것 만큼은 하나님이 나에게 말씀하신 것이다.

미국 순회 중 어느 집회에서 내 앞에 있던 한 히피 청년이 예수를 주로 영접하려고 일어섰다. 그런데 헌금 때문에 안타까운 일이 벌어졌다. 이 청년은 작은 동전 하나밖에 없었다. 헌금 시간에 그는 동전을 접시에 놓았다. 안내 집사가 그를 힐끗 보고는 중얼거렸다.

"당신 참 가난하군요."

이 형제는 심한 모욕감을 느꼈다.

"만일 이것이 기독교라면 나는 기독교인이 되지 않겠소." 그가 나에게 내뱉듯이 말하고 떠났다.

이 작은 동전 사건이 한 청년의 지옥과 천국을 좌우하게 된다면 얼마나 끔찍한 비극인가. 나는 우리가 교회의 재정을 채워 주시는 하나님의 방법을 배우게 되기를 간절히 기도한다.

빨지 않아도 희어지는 옷

하나님은 우리 인도네시아에서 많은 기적을 행하셨다. 그 이유는 우리에게 필요한 것들이 많았기 때문이었다. 미국에서는 우리와 같은 기적의 필요성이 없다. 어느 날 내가 미국의 한 학교에서 강연을 하는데 어느 학생이 소리쳤다. "그것입니다. 바로 그것이 우리 미국에도 필요합니다. 우리 미국 교회에도 물이 포도주로 변하는 그런 기적이 일어나야 합니다."

그 말을 듣고 내가 그 형제에게 말했다.

"형제님, 미국에서는 물이 포도주로 변하는 기적을 하나님이 원치 않으십니다. 미국에는 이미 포도주가 있습니다. 우리 인도네시아는 포도가 생산되지 않아요. 그러니 당연히 포도주도 없지요. 또 우리는 빵도 없습니다. 그렇기 때문에 하나님이 자주 기적을 베푸시는 것입니다. 하나님은 항상 뜻을 가지시고 기적을 일으키십니다. 미국에서는 인도네시아와는 다른 기적이 필요하지요. 여러분에게는 사람들의 영혼을 주 예수께로 인도할 하나님의 능력이 필요합니다. 그것을 기대하십시오. 포도를 손에 들고 하나님께 포도주를 만들어 달라고 떼쓰는 일은 어리석은 짓입니다."

인도네시아에서 활동하던 선교팀은 가끔 옷을 빨지 못하는 처지에 빠지기도 한다. 하루는 우리가 「소우」마을을 벗어나 다른 동리로 전도여행을 나섰다. 그때 우리가 입고 있던 옷은 한 벌 밖에 없었다. 우리는 그곳에서 하루만 머물고 돌아올 것으로 생각하고 갈아입을 옷을 가지고 가지 않았다. 티모르에서는 옷을 하루만 입으면 땀과 먼지로 아주 더러워진다.

그 마을에는 우리 팀의 옷을 세탁할 세탁비누가 없었다. 우리는 주님께 기도했다.

"주님, 우리 옷이 더러워졌습니다. 여기는 세탁비누도 없는데 어떻게 해야 하겠습니까?"

기도를 마치고 나니까 우리 옷이 깨끗해져 있었다. 그리고 우리가 비누도 없이 그 마을에 머무는 여러 날 동안 주님은 항상 우리를 깨끗하게 하셨다. 그래서 우리는 항상 산뜻한 차림으로 생활했다. 그 마을 주민들은 영문을 몰라서 고개를 갸우뚱거렸다.

"저 사람들은 항상 산뜻하고 깨끗한 옷차림으로 다닌다. 참 이상하다"

그러나 우리가 세탁비누가 있는 「소우」 마을로 돌아오자 옷이 더러워져 빨래를 해야만 했다. 이처럼 우리의 필요가 없어지면 하나님의 기적은 기대할 수 없다. 우리는 하나님의 기적에는 뜻이 있음을 알아야 한다. 죽은 사람을 살리는 것도 마찬가지이다. 하나님은 인도네시아에서 10명 내지 15명의 사람을 죽음에서 일으키셨다.

그렇다고 당신은 내가 죽으면 나를 일으키도록 기도할 것인가? 나는 결코 그런 기도를 원치 않는다. 천국에 가서 예수님과 함께 있고 싶은 것이 나의 솔직한 심정이다. 하나님은 오직 아주 특별한 경우에 특별한 뜻을 가지고 기적을 일으킨다. 나는 나중에 이 기적들에게 관해서 더 이야기 할 것이다.

12
더욱 풍성한 삶

약간의 크리스찬이 있다고 해도 인도네시아는 아직 이방 풍속의 국가이다. 심지어 교회에 출석했던 우리들도 점을 보고 주물을 사용하였다. 부흥이 일어나기 6년전만 해도 우리는 병이 들면 스스로 그리스도인이라고 부르면서도 무당에게 찾아갔다. 그러면 무당이 우리를 위해서 푸닥거리를 했고 또 치료가 되기도 하였다. 그것은 정말 무서운 상태였다.

우리는 그리스도인이라고 고백하면서도 생활에 있어서 하나님의 능력을 체험하지 못한 영적으로 죽은 자들이었다. 교회는 시체보관소처럼 조용하였다. 1965년에 나는 주 예수가 나의 구원자임을 생생하게 체험했다. 그 날은 나에게 멋지고 행복한 날이었다. 나는 여러분들이 이런 체험을 가지고 있다고 믿는다. 여러분들은 자신의 생명을 주님께 드렸으며 예수를 여러분의 주인으로 모셨을 것이다.

예수를 체험한 후에야 나는 비로소 성경을 읽기 시작했다. 그리고 크리스찬의 삶이 예수를 개인적인 구원자로 모시는 것 이상이라는 것도 깨달았다. 왜냐하면 예수를 나의 구원자로 영접하면서 나는 내 속에서 일어난 큰 변화를 깨달았기 때문이다. 그리고 그 변화는 다른 사람들에게 잘 설명할 수도 없는 것이었다.

나는 무엇인가 결핍되어 있었다. 그것이 무엇인지는 몰라도 내가 다른 사람들의 필요를 채워 주고 그들에게 예수를 전하고 또 그들을 섬기기 위해서 어떤 효과적인 방법이 필요하다는 것은 알았다. 나에게 결핍된 것이 무엇일까 생각하면서 성경을 읽던 나는 어느 날 요한복음 10장 10절을 읽게 되었다.

"내가 온 것은 양으로 생명을 얻게 하고 더 풍성히 얻게 하려는 것이라."

전 세계에 예수 그리스도를 영접한 사람은 많다. 그렇지만 대다수의 사람들이 예수를 영접한 상태에서 만족하고 있고 성경이 말하고 있는 풍성한 삶을 살려고 하지 않는 것은 매우 안타까운 일이다.

샘과 강은 다르다

요한복음 4장 14절에 보면 예수님이 우물가에 있는 여인에게 이렇게 말씀하신다.

"내가 주는 물을 먹는 자는 영원히 목마르지 아니하리니 나의 주는 물은 그 속에서 영생하도록 솟아나는 샘물이 되리라."

현대 과학으로 20세기는 버튼 시대가 되었다. 버튼만 누르면 음료수가 나오고 버튼만 누르면 물이 쏟아진다. 그래서 현대인은 우물에 관해서 잘 모른다. 내가 우물을 설명하겠다.

우리나라에서는 물을 얻으려면 수맥(水脈)을 바로 찾아서 구멍을 파야 한다. 운이 좋으면 단지 60센티나 1미터만 파면 물을 얻을 수 있다. 어떤 경우에는 훨씬 깊이 파야 하기도 한다. 어쨌든 장소를 잘 정해서 구멍을 파면 물을 구할 수 있다. 그런데 우물이란 밖으로 넘쳐흐르는 충분한 물이 아니고 단지 구멍 속에 고여 있는 물인 것이다. 물을 한번 퍼내면 다시 고일 때까지 잠시 기다려야 한다. 이런 것이 샘물이다. 예수님이 이 여인에게 말씀하신 것은 영생하도록 솟아나는 샘물이었다.

성경의 다른 부분 즉 요한복음 7장 37절과 38절에 보면 이렇게 기록되어 있다.

"누구든지 목마르거든 내게로 와서 마셔라. 나를 믿는 자는 성경에 이름과 같이 그 배에서 생수의 강이 흘러나리라."

나는 강물과 샘물의 차이를 안다. 예수는 이 구절에서 강물을 말하고 있다. 예수께서 세밀한 방법으로 구분하신 이 두 가지 진리를 깨닫는 것은 놀라운 계시이다. 주님은 수가성 우물가의 여인에게는 영생하도록 솟아나는 '샘물'이란 용어를 사용하셨다. 이 말은 타인에게는 영향이 없는 한 개인과 영원한 생명과의 개인적인 교제를 뜻하는 것이다.

예수는 또 '생수의 강'에 대해서도 말한다. 이것은 우리가 예수를 영접하고 천국에 갈 것을 기대하는 삶 이상의 풍성한 삶을 뜻한다. 나는 사람들이 천국에 대해서 이야기할 때마다 매우 기뻐한다. 그러나 가끔은 슬프기도 하다. 왜냐하면 나는 천국에 올라가는 것과 아울러 이 세상에서 천국이 이루어지는 것도 바라기 때문이다.

나는 어떤 사람들이 이런 찬송을 부르는 것을 들은 적이 있다.

"천국이 내려오고 영광으로 가득 찬 나의 영혼."

이 가사를 듣고 나는 무릎을 쳤다. "할렐루야! 그 말이 참 진리로다."

야곱은 꿈에 하늘로 올라가는 사닥다리를 보았다. 만일 우리가 사다리를 타고 천국에 올라가야 한다면 아마 우리는 그것을 만들 수 없을 것이다. 우리는 사다리로 천국에 가지 않아도 된다. 예수께서 천국에서 이 땅으로 오셨고 천국을 이 땅에 임하게 하셨다. 나는 하나님을 찬양한다. 그리고 천국이 이 땅에서부터 시작됨을 믿는다. 왜냐하면 우리가 이 땅에서 예수를 우리의 구원자로 알았고 영접했기 때문이다.

물론 우리가 천국에서 예수를 만나게 되고 모든 것이 완전해지는 그 날은 분명히 올 것이다. 그렇지만 이 땅에서도 우리는 천국의 놀라운 일들을 맛볼 수 있다. 이것이 예수님이 가르친 말씀의 올바른 뜻이다.

"내가 이것을 너희에게 이름은 내 기쁨이 너희 안에 있어 너희 기쁨을 충만하게 하려 함이니라"

참으로 놀라운 약속이다. 나는 이 진리를 깨닫고 이렇게 기도했다.

"주님 나에게 영생하도록 솟아나는 샘물뿐만 아니라 내 배에서 솟아나는 생수의 강도 허락하옵소서. 비록 내가 그것이 무엇인지 잘 모를지라도 나는 생수의 강을 원합니다. 주여, 그것을 내게 주시옵소서"

강물을 체험하다

생수의 강을 구하는 간구가 하나님이 어느 날 매우 특별한 방법으로 나의 소원에 응답하시기까지 나의 기도 내용이었다. 나는 하나님이 응답해 주신 그 방법은 기대하지 않았었다. 만일 하나님이 내가 원하던 방법으로 응답하셨다면 나는 많은 것을 잃었을 것이다. – 우리가 구하는 것보다 넘치게 주시는 하나님 – 주님은 그의 말씀처럼 응답하셨다.

나는 풍성하신 하나님을 찬미한다.

나는 생수의 강에 대해서 6개월간 기도를 하고 있었다. 오직 하나님만 그 기도를 알고 계셨다. 성령이 우리 교회에 임하신 밤에 나는 예수께서 나의 기도에만 응답하신 것이 아니라 생수의 강을 위해서 기도한 많은 사람의 기도에 함께 응답하셨음을 깨달았다.

사도행전 1장 4절에서 8절을 보면 이런 말씀이 있다.

"사도와 같이 모이사 저희에게 분부하여 가라사대 예루살렘을 떠나지 말고 내게 들은 바 아버지의 약속하신 것을 기다리라 요한은 물로 세례를 베풀었으나 너희는 몇 날이 못 되어 성령으로 세례를 받으리라 하셨느니라."

"저희가 모였을 때 예수께 묻자와 가로되 주께서 이스라엘 나라를 회복하심이 이 때니이까 하니 가라사대 때와 기한은 아버지께서 자기 권한에 두셨으니 너희의 알 바 아니요."

"오직 성령이 너희에게 임하시면 너희가 권능을 받고 예루살렘과 온 유대와 사마리아와 땅 끝까지 이르러 내 증인이 되리라 하시니라."

주 예수께서 제자들에게 권고했다.

"너희는 예루살렘으로 돌아가서 아버지의 약속하신 것을 받을 때까지 기도하며 기다려라. 요한은 너희에게 물로 세례를 주었지만 너희가 예루살렘에 가서 기도하다보면 곧 성령과 불로 세례를 받게 될 것이다."

그리고 덧붙여 말씀했다. "너희에게 성령이 임하면 너희가 권능을 받고 예루살렘과 온 유대와 사마리아와 땅 끝까지 이르러 내 증인이 될 것이다."

부흥이 시작되고야 나는 예수님이 하신 말씀의 의미를 깨닫기 시작했다. 즉 '영생하도록 솟아나는 샘물과 생수의 강'의 진의를 깨우친 것이다. 영생하도록 솟아나는 샘물은 타인(他人)과는 관계가 없는 것이었다. 그것은 오직 나와 하나님과의 관계였다. 그러나 생수의 강은 나 뿐 아니라 이웃에게도 흘러 넘쳤다. 샘물은 개인적으로 소유하는 물이었으며 강물은 이웃을 위한 물이었다.

당신이 예수를 영접하면 두 가지 변화를 경험한다.

첫째는 당신이 평강의 하나님과 교통이 있게 되고 천국의 시민임을 알게 된다.

둘째는 성령세례를 체험하는 것인데 이 체험이 있은 후부터는 하나님이 당신을 사용하셔서 타인에게도 생명이 흘러나가게 하신다.

부흥이 일어나기 전, 우리는 복음을 전하는 일을 오직 목사와 장로의 업무라고 생각했다. 그러나 모든 그리스도인은 증인이어야 했다. 단지 주일 예배에 출석하고 수요기도회에 참석하고는 집에 가서 잠자는 것이 아니었다. 다른 사람들을 예수께로 나오게 하는데 열심을 가져야 한다. 이런 일은 목사나 장로만의 일이 아니고 모든 크리스찬의 일인 것이었다.

부흥이 시작된 것은 어느 날 저녁이었는데 그 다음날부터 교인들은 모두 복음을 전하러 나가기 시작했다.

"믿고 세례를 받는 사람은 구원을 얻을 것이요. 믿지 않는 사람은 정죄를 받으리라."

"믿는 자들에게는 이런 표적이 따르리니 곧 저희가 내 이름으로 귀신을 쫓아내며 새 방언을 말하며 뱀을 집으며 무슨 독을 마실지라도 해를 받지 아니하며 병든 사람에게 손을 얹은즉 나으리라."

"주 예수께서 말씀을 마치신 후에 하늘로 올리우사 하나님 우편에 앉으시니라."

"제자들이 나가 두루 전파할새 주께서 함께 역사하사 그 따르는 표적으로 말씀을 확실히 증거하시니라. 아멘."

이 말씀들은 티모르에서 그리고 인도네시아의 다른 섬들에서 그대로 이루어졌다. 부흥이 있기 전, 우리는 이런 말씀 중에 어떤 구절도 체험하지 못했다. 나는 그 이유를 안다. 예수는 우리에게 나가서 복음을 전파하라고 명하셨다. 그는 믿는 자들에게 따를 표적도 약속하셨다. 그런데 오늘날 많은 교인들이 하나님의 말씀을 체험하지 못하는 것은 우리가 교회에만 머물고 밖으로 나가지 않기 때문이다. 예수께서 "전 세계로 나가라" 하셨건만 우리는 교회에만 머무르고 있었다.

우리는 이 세상이 우리를 기다리고 있는데도 밖으로 나가지 않고 교회에 머물러 왔다. 그래서 세상이 말한다. "우리가 교회로 들어가자." 그래서 지금은 이 세상이 교회 안으로 들어와서 교회의 영적인 일들을 오염시켰다. 결국 교회는 세속화되었다. 우리 앞에는 두 가지 선택의 가능성이 있다. 바로 '우리가 세상으로 나가느냐 아니면 세상이 교회로 침투하느냐' 인 것이다. 그러면 왜 우리가 전에는 복음을 전하러 나가지 못했는가? 이유는 생수의 강물이 없었기 때문이다. 우리는 생활 속에서 넘쳐흐르는 생수의 강물인 성령의 세례를 체험하지 못했던 것이다.

지금은 마가복음 16장의 모든 표적이 우리 교회에서 일어난다. 나는 오직 이렇게 밖에는 할 말이 없다.

"예수님, 당신의 사랑과 자비와 능력과 성령을 우리나라에 부어 주시니 감사합니다."

많은 사람이 나에게 이런 질문을 했다. '예수가 살아있는 분입니까?"

물론 주님의 종으로서 나는 그들에게 대답했다. "예, 그는 살아서 역사 하시는 분입니다"

그러면 그들은 이렇게 묻는다. "그가 사람들을 치료할 수 있습니까?"

성경은 당연히 "예"라고 하지만 나는 그런 것을 체험하지 못했었다.

그렇기 때문에 나는 그들에게 말했다.

"물론 예수는 할 수 있지요."(이 말은 선교사들이 나에게 대답했던 말이다. 나는 성경을 모두 믿는다고 말했다. 그러나 남에게 설교할 때 믿는다고 선언할 뿐이었다. 그러나 부흥 후의 인도네시아 그리스도인들은 말씀을 단순하게 믿고 실천했다. 오직 믿음으로 행했다.)

나는 「하메베이크」마을에 예수를 전하러 갔던 적이 있었다. 많은 사람들이 예수를 영접했고 그들의 우상과 마법기구들을 불태웠다. 그런데 그 마을에는 얼굴의 왼쪽 부분에 아주 흉측한 종기가 난 소년이 있었다. 종기는 아주 고통스러워 보였고 무시무시하기도 했다. 그 소년의 아버지가 나를 찾아왔다.

"멜, 형제님. 당신은 예수님이 살아 계신 분이라고 하셨지요. 그리고 그 분은 어제나 오늘이나 영원토록 동일하시다고 하셨지요. 그러니 당신의 설교처럼 2천년 전에 예수께서 병자들을 치료하신 것처럼 기도하면 제 아들이 치료받을 수 있겠지요. 그렇지 않습니까?"

나는 기도로 병자를 치료해 보지 못했기 때문에 당황했다. 그런 구절이 성경에 있다는 것은 물론 알고 있었다. 그리고 나는 창세기 1장 1절에서 요한계시록 22장 21절까지의 모든 말씀을 믿었다. 성경을 알았고 믿었고 고백했었다. 그러나 성경을 알고 성경에 기록된 모든 사건을 믿는 것과 행하는 것은 별개의 문제였다. 신유의 기적을 머리로 아는 것이 한 가지 일이라면 그것을 가슴으로 느끼며 매일의 생활에 적용하는 것은 또 다른 일인 것이다.

그 사람이 다시 내게 간청했다.

"멜 형제님. 제발 제 아들을 위해서 기도해 주세요"

나는 어찌해야 좋을지를 몰랐다. 그러나 나는 당황하는 모습을 보이고 싶지는 않았다. 그래서 하나님께 간절히 매달렸다.

"하나님 어떻게 해야 합니까?"

이렇게 기도하면서 나는 스스로 비참함을 느꼈다. 왜냐하면 내가 조금 전에 그들 앞에서 당당히 하나님의 능력을 외치던 사람이었기 때문이다. 나는 후회하고 있었다. - 만일 내가 구원에 관해서 설교할 때 신유에 관한 부분은 빼고 말했다면 그리고 어떻게 주님께 나오고 새 사람이 되는가만 이야기했으면 이런 곤경에 빠지지는 않았을 텐데 - 그런데 나는 2천년 전에 예수께서 병자들을 치료한 이야기를 선포했고 지금 이들은 그 설교를 믿고 나에게 치료를 위한 기도를 해달라고 청하고 있다. - 오, 나는 참 어리석었다. 나는 그렇게 설교하지 말았어야 하는데 -

"오 - 주님, 저는 어찌해야 합니까?"

주님이 내게 말씀하였다.

"그를 위해 기도해라. 멜, 네가 치료자가 아니다. 너는 그들에게 나에 대해서 이야기해라. 내가 치료한다"

그래서 나는 그 아버지에게 말했다.

"좋습니다. 제가 기도해 드리겠습니다. 단 당신이 예수님을 믿어야 합니다"

그가 대답했다. "예, 예. 물론이지요. 말씀만 하십시오. 우리는 믿겠습니다."

나는 기도했다. "예수님, 저들은 믿음을 가진 것 같습니다만 문제는 내가 기도할 믿음이 있는지 모르겠습니다…."

사람들은 모여 섰고 나는 계속 어찌해야 할지 주저하고 있었다. 손을 얹고 기도할 것인가……. 우리 교회에서는 오직 안수 받은 사람만 다른 사람에게 손을 얹을 수 있었다. 나는 평신도였다. 그러나 성경은 '너희가 병든 자에게 손을 얹으라' 고 가르치고 있다.

"주님, 저는 안수 받은 목사가 아닙니다. 그렇지만 저는 성경을 따라서 이 소년에게 손을 얹고 기도할 겁니다. 만일 이 일이 잘못되었다면 용서하옵소서."

아마 우리 목사님이 이때 나를 보았다면 내가 미친 줄 알았을 것이다. 우리는 손을 얹고 기도하는 것은 안수를 받은 사람이어야 하고 보통 사람과는 다른 특별한 사람들의 일로 생각해 왔었다. 나는 그 소년을 위해 기도했다.

"주님, 저는 목사가 아닙니다. 그렇지만 ……. 그렇지만 저는 주님만 믿고 이 사랑하는 형제의 치료를 위해 기도합니다. 주님, 아-멘."

나는 그 소년에게 손을 얹고 기도한 후에 곧 낫게 될 것으로 기대했다. 그러나 아무런 변화도 보이지 않았고 나는 그들이 다른 질문을 할까봐 조바심이 났다.

"죄송합니다. 제가 다른 곳에 볼 일이 있어서 이 곳을 떠나야 하겠습니다."

그리고 곧 그 장소에서 빠져 나왔다. 그 이유를 아는가? 나는 그들이 "왜 하나님이 아직 이 소년을 치료하지 않습니까?"라고 물을까봐 안절부절하고 있었기 때문에 하나님의 역사하심을 기다릴 수 없었다. 나는 이렇게 중얼거렸다. "주님, 저는 당신을 믿습니다. 그러나 이 소년은 아직 치료되지 않았고 그들이 무슨 짓을 할지 모르겠습니다."

다음날 아침 그 소년의 아버지가 나를 찾아 왔다. 나는 그가 다시 기도해 달라거나 아들의 병세에 관해서 이야기할 줄 알았다. 그러나 그는 안면에 웃음을 지으며 말했다.

"멜 형제님, 좋은 소식이 있습니다. 형제님이 떠난 후 한 2분쯤 지나서 우리 아이의 종기가 깨끗이 나았어요. 정말 감사합니다. 여태껏 먹지 못하고 물만 마시던 아인데 어제부터 음식을 먹어요. 저는 예수님과 당신께 감사드리러 왔습니다."

"할렐루야" 나는 크게 소리쳤다.

그렇지만 마음 속에서는 이런 탄식이 흘러나왔다.

"오 예수님. 저의 불신앙을 용서해 주십시오. 제가 2분만 기다렸으면 하나님의 능력이 병든 소년을 치료하는 기적을 볼 수 있었습니다. 그렇지만 제가 믿음이 없어서 하나님의 귀한 축복을 보지 못했습니다."

나는 이 사건으로 아주 귀중한 교훈을 배웠다. 그리고 주님께 고백했다.

"주님, 저를 용서하옵소서. 이번 일은 저에게 첫 번째 공부였습니다. 만일 제게 사람들을 섬기고 그들을 위해 신유의 기도를 할 기회를 또 주신다면 저는 당신이 모든 일을 할 수 있음을 분명히 믿을 것입니다."

13
나는 방언을 증오했었다

나를 아주 당황하게 만드는 성경 구절이 있었다.
"…… 그들이 새 방언을 말하며 …"
나는 독일 장로교회 소속 교인이며 정직히 말해서 방언을 증오하는 사람이었다. 나는 성경이 방언에 관해서 말하는 것을 알고도 그것을 싫어했다. 당신이 그 이유를 물었다면 나는 여러 가지 이유를 열거했을 것이다. 그 이유 중 하나는 많은 사람들이 방언은 오직 2천년 전의 성경시대에만 있었다고 믿는다는 사실이었다. 여러 사람이 그렇게 주장하기에 나는 방언을 믿어야 할 것인지 믿지 말아야 할 것인가를 잘 모르고 있었다.

그리고 내가 방언을 좋아하지 않았던 가장 중요한 이유는 아마도 내가 그 은사를 체험하지 못했기 때문이었을 것이다. 나는 성경이 아니라 나의 경험을 표준으로 삼고 있었다. 이것이 많은 신자들의 문제점이다. 내가 방언이란 주제에 관해서 말하면 많은 사람들이 나를 다시 쳐다본다.

"멜 형제, 방언이라니? 당신이 오순절 신자입니까?"

나는 대답한다. "아니요. 나는 장로교인이요."

이처럼 우리 비오순절 복음주의 교회들은 방언이란 말만 들어도 심한 편견을 드러낸다. 그들은 단지 방언을 안다고 하는 사람들에게까지도 흥분한다. 심지어 능력 행함을 인정하는 여러 복음주의 교회들까지도 방언을 언급하는 성경의 장, 절을 쉽게 무시한다. 그러나 나는 예수님께서 방언에 대해서 말씀하셨고 성경이 우리에게 방언을 이야기하고 있으며 방언을 신비한 것에 틀림없다고 믿는다.

나도 방언을 하찮은 일로 생각해서 이렇게 기도했었다.

"주님, 저는 능력 받기는 원합니다. 그러나 방언은 원치 않습니다."

우스운 기도 같지만 나의 솔직한 심정이었다. 나는 하나님께 솔직하고 싶었기에 방언은 받고 싶지 않다고 기도한 것이었다.

하나님께 "멜, 너는 왜 방언을 원치 않느냐?"고 내 마음에 질문 하셨던 기억도 있다.

"그것은 아주 하찮은 은사이기 때문입니다." 내가 주님께 대답했다.

"저는 굉장한 은사를 원합니다. 사랑, 능력 행함 등의 큰 은사를 받고 싶습니다. 성경에 보면 방언은 영적 은사들의 마지막에 있습니다." 성경은 예언을 방언 말함 보다 큰 은사로 기록하고 있다. 그래서 나는 방언을 아주 작은 일로 간주해 버렸다. 그래서 나의 이런 기도가 나온 것이다.

"주님, 저는 방언은 바라지 않습니다. 보다 큰 은사를 주십시오."

어느 날 주님이 은밀히 말씀하셨다. (가끔 하나님은 우리가 성령 충만한 상태가 아닐지라도 말씀하신다)

"멜, 너에게 사랑하는 약혼녀가 있다고 하자. 어느 날 그녀가 너에게 단지 50센트 짜리 나무 십자가를 선물했다. 너는 아주 기뻐하며 그녀에게 사랑의 키스를 할 것이다. 너는 이렇게 말할 것이다. '고마워요. 매우 멋진 선물이에요. 당신은 정말 멋진 사람 이예요. 사랑해요.' 왜 너는 겨우 50센트짜리 선물에 그렇게 감사를 하느냐? 그것은 선물의 값 때문이 아니고 선물을 준 사람 때문이 아니냐? 너는 그 선물을 준 사람 때문에 기뻐하며 받는다. 너는 스스로 그것을 살수도 있고 심지어 금으로 만든 십자가를 살 정도로 돈이 있을 수도 있다. 그러나 비록 선물이 50센트짜리여도 그것을 준 사람 때문에 너는 몹시 기뻐하는 것이다. 선물은 준 사람이 중요한 것이다."

하나님이 다시 나에게 말씀하셨다.

"멜, 방언의 은사는 작은 일이기는 하다. 그러나 네가 그것을 거부하는 일이 옳은가 생각해 보아라. 네가 은사를 받는 이유는 그것이 큰 것이냐 작은 것이냐 때문이 아니고 은사를 준 사람을 사랑하기 때문이다."

많은 사람들이 하나님을 사랑한다고 하면서 방언에 대해서 말하는 것을 보면 그들이 하나님을 사랑하지 않는 것이 드러난다. 그들은 방언을 멸시하며 이렇게 말한다.

"나는 그렇게 작고 우스운 중얼거리는 일 따위는 좋아하지 않는다."

우리가 어떻게 하나님의 은사를 우스운 일이라고 할 수 있으며 또 필요 없다고 할 수 있는가. 우리는 하나님을 경외해야 하며 그가 주시기 원하는 것은 무엇이든 받아야 한다. 그것이 크든지 작든지 말이다. 큰 은사는 누구나 받는다. 그러나 작은 은사를 어떤 자세로 받느냐가 우리가 하나님을 사랑하는가의 시금석이 된다.

주님이 이렇게 말씀하시자 나는 항복할 수밖에 없었다.

"주님, 이 축복은 작은 것입니다. 그러나 당신이 주시는 것이기에 무엇보다 큰 것이기도 합니다. 주님을 경외하지 않았던 저의 완고함을 회개합니다."

"주님, 옳습니다. 성경에서 믿는 자는 새 방언을 말할 것이라고(막 16:17) 말씀하고 있습니다. 또 부흥이 시작될 때 교회에서 제 여동생이 방언하는 소리도 들었습니다. 그러나 저는 아직 경험하지 못했습니다."

예수께서 말씀하셨다. "네 자신의 경험을 표준으로 삼지 말아라. 네가 경험하지 못했다고 해서 네가 할 수 없는 것은 아니다."

이 책의 독자들에게 한 가지 질문을 하겠다.

"천국에 가보셨습니까?"

아닐 것이다. 당신도 천국에 가본 적이 없고 나도 가보지 못했다. 우리 중 누구도 천국에 가본 사람은 없다. 그렇지만 우리는 천국을 우리의 본향이라고 부른다. 만일 경험을 표준으로 말한다면 우리는 천국 이야기는 잊어버려야 한다. 우리의 표준은 무엇인가? 바로 성경이 우리의 표준이다. 왜 우리가 천국을 믿는가? 성경이 천국을 말하기 때문이다.

나는 계속해서 "나는 방언을 체험하지 않았기 때문에 믿을 수 없다"고 고집했었다.

그러나 나의 체험이 표준일 수 없고 성경이 표준임에 틀림없다는 데까지 생각이 미치자 나는 성경을 열고 방언의 진정한 의미를 찾기 시작했다. 방언이 기록된 모든 구절을 찾았다. 방언에 관한 나의 연구를 이야기할 성경 구절은 많다. 그러나 나는 사도행전 2장부터 시작하고 싶다.

성경은 우리에게 성령이 사도들에게 임하였을 때 방언을 했다고 알려

준다. 그러나 그들이 방언을 한 것이 동시에 복음을 전파했다는 뜻은 아니다. 그런데 나는 방언은 오직 복음을 전하기 위한 것으로 단정했었다. 주님은 나에게 기도하는 마음으로 사도행전의 2장의 각 절을 아주 세밀히 읽게 하셨다. 나는 사도들이 여러 나라 말로 복음을 전하지 않았다는 새로운 사실을 발견했다. 그 이유는 첫째로 5절과 6절이다.

"그때에 경건한 유대인이 천하 각국으로부터 와서 예루살렘에 우거하더니 이 소리가 나매 큰 무리가 모여 각각 자기의 방언으로 제자들의 말하는 것을 듣고 소동하여"

사도들과 120문도는 오직 다락방에서 기도하는 중이었다. 아무도 그들을 방해하지 않았다. 결국 성령이 강림하셨고 그들은 방언을 말하기 시작했고 주님께 경배 드렸다. 이 소리 때문에 밖의 사람들이 몰려들었다. 그들이 몰려와 보니 사도들이 방언을 말하고 있었다.

사도들이 복음을 전파하기 불가능했다는 두번째 이유는 그 당시 장소에는 14~15 가지의 언어가 한꺼번에 사용되고 있었다는 점이다. 15명의 사람이 함께 서서 복음을 전하고 그들을 이해시킨다는 것은 불가능하다. 다른 언어를 사용하는 15개국 사람들을 모아 놓고 두 사람 이상만 설교한다 해도 거의 알아듣지 못했을 것이다.

세번째 이유는 14절이다.

"베드로가 열한 사도와 같이 서서 소리를 높여 가로되 유대인들과 예루살렘에 사는 모든 사람들아 이 일을 너희로 알게 할 것이니 내게 귀를 기울이라." 만일 제자들이 이전에 복음을 전파했다면 베드로가 서서 다시 설교할 이유가 없는 것이다. 그러나 베드로는 그들이 이해할 수 있는 말로 복음을 전했고 약 3천명의 사람들이 주 예수를 영접했다.

방언에 관해서 알기 위해 나는 계속 성경을 연구했다. 진리를 깨닫게 되었을 때 나는 방언이 크리스찬의 생활에 아주 특별한 의미를 갖는 것을 발견했다. 어떤 특별한 의미인가? 사도행전 8장 5절과 6절에서 나는 그 해답을 찾았다.

"빌립이 사마리아 성에 내려가 그리스도를 백성에게 전파하니 무리가 빌립의 말도 듣고 행하는 표적도 보고 일심으로 그의 말하는 것을 좇더라."

사마리아 사람들은 빌립이 그리스도를 전할 때 그의 말도 듣고 기적도 보았다. 뿐만 아니라 많은 사람에게 붙였던 더러운 귀신들이 크게 소리치며 나가는 것도 보았다. 또한 그들은 앉은뱅이가 일어나고 귀신들렸던 사람들이 온전하게 되는 것도 목격했다. 사마리아성에는 큰 기쁨이 있었다. 그러나 그때까지는 부족한 것이 있었다.

사마리아인들은 예수를 영접했고 많은 사람들이 세례를 받았다. 그들에게 큰 기쁨이 있었던 것은 기적이 일어났고 귀신이 쫓겨나감을 보았기 때문이었다.

이제 사도행전 8장 14절에서 17절을 읽어보자.

"예루살렘에 있는 사도들이 사마리아도 하나님의 말씀을 받았다 함을 듣고 베드로와 요한을 보내매 그들이 내려가서 저희를 위하여 성령 받기를 기도하니 이는 아직 한 사람에게도 성령 내리신 일이 없고 오직 주 예수의 이름으로 세례만 받을 뿐이러라 이에 두 사도가 안수하매 성령을 받는지라."

성경을 읽어보면 베드로와 요한이 그들에게 기도하기 전까지는 사마리아인들이 성령을 받지 못했음이 분명해진다. 이 광경을 본 시몬은 베드로와 요한에게 돈을 바치며 자기도 이런 능력을 받게 해달라고 부탁한다. 여기서 의문이 생긴다. 왜 시몬이 그 능력을 간절히 원했을까? 왜 그는 그 전까지는 능력을 원하지 않았을까? 그는 기적을 보았고 귀신이 쫓겨 나가는 것도 목격했고 기쁨이 있는 것도 알았다. 이런 기적들은 왜 그의 관심을 끌지 못했을까?

사마리아인들이 성령을 받을 때에야 시몬은 그 능력을 원했다. 성경에는 그들이 방언을 했다고 적혀있지 않다. 그렇지만 분명한 것은 시몬이 그 능력을 간절히 원할 정도로 외적(外的)으로 나타나는 어떤 것이라는 사실이다.

나는 여기에서 주님께 기도했다.

"오, 예수님. 그 능력이 무엇입니까?"

시몬이 원했던 것은 사마리아인들에게 있었던 큰 기쁨이나 성령 받을 때의 기쁨은 아니었다. 또 그는 기적이나 신유에도 동요되지 않았다. 시몬은 그런 것에는 마음이 끌리지 않았다. 그 외의 어떤 것이 분명히 있었다. 나는 그것을 이해할 수 없었다. 그래서 생각을 그 상태에서 멈추고 계속 성경을 읽었다.

성경은 정말 놀라운 책이었다. 우리는 어떤 의문이 생기면 마음을 열고 주님께서 깨닫게 해주실 것을 기도해야 한다. 성경학교의 학위가 없어도 하나님의 영은 우리가 구하는 것만큼은 가르쳐 준다. 중요한 것은 우리는 누구나 하나님을 믿기에 충분한 지능을 가지고 있다는 사실이다.

사도행전 10장 44절과 45절을 보자.

"베드로가 이 말 할 때에 성령이 말씀 듣는 모든 사람에게 내려오시니 베드로와 함께 온 할례 받은 신자들이 이방인들에게도 성령 부어 주심을 인하여 놀라니."

베드로가 설교하는 중에 성령이 강림하였다. 어떻게 그들이 성령 강림을 알았을까? 나는 성령이 강림하기 직전에 베드로는 이렇게 말했다고 믿는다.

"만일 너희가 성령세례를 받고자 원한다면 바로 믿음으로 그것을 받으라."

우리는 모든 은사를 믿음으로 받는다. 그것은 내적으로 일어나는 것이다. 그래서 나는 외적으로 나타나는 현상은 기대하지도 않았다. 나는 조용히 "주여, 저에게 성령의 충만함을 주옵소서"라고 기도하고 잠잠히 있는 타입의 신자였다. 그러나 사도행전 10장을 보면 성령세례가 그렇게 잠잠한 상태는 아니다.

어떻게 사람들이 성령세례 받았음을 알게 되었을까? 다른 사람들이 그것을 알기는 어려운 일이다. 그런데 사도행전 10장 46절은 이렇게 기록하고 있다.

"이는 방언을 말하며 하나님 높임을 들음이러라."

이 말씀을 읽고 나는 이렇게 중얼거렸다.

"주님, 나는 오순절 신자가 아니고 장로교인입니다(사실 나는 오순절 교인들이 소리를 지르며 기도하는 것을 보고 약간 당황했었다. 그래서 '주님 저는 이런 스타일을 원치 않습니다' 고 기도한 적이 있었다). 나는 아직도 장로교인이고 내가 하늘 나라에 갈 때까지 장로교식을 버리고 싶지 않습니다."

여기까지 와서 나는 스스로 당황하고 있었던 것이다.

아나니아가 사울에게 이렇게 말했다.

"형제 사울아, 주 곧 네가 오는 길에서 나타나시던 예수께서 나를 보내어 너로 다시 보게 하시고 성령으로 충만하게 하신다."(행 9:17)

아나니아는 주님으로부터 두 가지 임무를 부여받았다. 첫째는 바울의 치료요 둘째는 성령으로 충만케 하는 것이었다. 나는 예수께서 아나니아에게 두 가지 임무를 주었다면 그는 두 가지를 다 성취했을 것으로 믿는다. 그 다음에 일어난 일은 18절에 있는데 바울은 즉시 시력을 회복하고 세례를 받았다. 성경은 바울이 성령 세례를 받았는지에 대해서는 말하지 않고 있지만 하나님이 아나니아를 보낸 두 가지 목적은 다 이루어졌을 것이다.

그러면 바울이 방언을 하였는가 하는 의문이 제기된다. 고린도전서 14장 18절에 보면 바울이 "내가 너희 모든 사람보다 방언을 더 말하므로 하나님께 감사하노라"라고 말한다. 우리는 그의 서신서를 통해서 바울이 훌륭한 사도임을 믿을 수 있다. 어느 누구도 바울이 신실한 사도임을 부정할 수는 없다. 그런 바울도 역시 "내가 너희 모든 사람보다 방언을 더 말함으로 하나님께 감사한다"고 고백했다.

나는 조용히 주님께 기도했다.

"예수님, 제가 무엇을 잘못 알고 있지 않은지요? 바울, 베드로, 요한 그들은 모두 방언을 했습니다. 심지어 저의 형제 자매들도 부흥이 시작되던 날 모두 방언을 했습니다. 어떤 사람은 독일어로, 어떤 사람은 이태리어로, 어떤 사람은 영어로 그리고 심지어 히브리어도 했습니다. 저는 히브리어는 못하지만 평강이란 뜻의 '샬롬'이란 말도 들었습니다."

나는 주님께 물어 보았다. "주님, 내게 무슨 잘못이 있습니까?"

주님이 대답하셨다. "사랑하는 자여, 너는 너무 똑똑하다."

"예수님, 그것이 제가 방언을 하지 못하는 이유입니까?"

"물론이다. 너는 너무 똑똑하다. 다른 사람들은 자신을 모두 포기했다. 그래서 하나님이 그들에게 새 언어를 주었다."

나는 재차 주님께 물었다. "주님, 저도 당신을 믿기 위해서 충분히 어리석기를 바랍니다. 저는 이제 방언하는 것이 크리스찬의 생활에 필요함을 깨닫기 시작했습니다. 그런데 방언이 왜 필요한 것입니까?"

고린도전서 12장 30절을 보면 모든 사람이 방언을 하지 않는다는 것이 명백해진다.

"보십시오. 주님, 다 방언을 말하는 자겠느냐?" 내가 의기양양하게 말했다.

"너 스스로 정직해라." 하나님이 말씀하였다. "너는 성경 구절을 잘못 인용했다. 그 구절은 다 방언을 말하지 않는다고 기록되어 있는데 너는 그 말을 모든 사람이 방언의 은사를 받지 못한다고 인용했다."

나는 결국 우리가 이 부분에 관해서 무엇인가 오해하고 있음을 깨달았다. 고린도전서 14장 5절을 보면 "나는 너희가 다 방언 말하기를 원한다"고 기록되어 있다. 나는 아주 혼란스러워졌다. 나는 곰곰이 생각해 보았다. – 바울 사도여, 도대체 이것이 무슨 뜻입니까? 고린도전서 12장 30절에는 '다 방언을 말하는 자겠느냐' 라고 해놓고 14장 5절에서는 '나는 너희가 다 방언 말하기를 원한다' 고 했으니 이 얼마나 모순입니까?

그러나 성경은 모순이 없기에 나는 둘 다 진리로 믿었다. 그렇지만 계속 혼란스러웠기 때문에 주님께 기도했다.

" 이 두 구절이 뜻하는 바가 무엇입니까?"

주님은 내가 혼란스러워진 이유를 깨닫게 해주셨다. "다 방언을 말하는 자겠느냐?"의 뜻은 영적인 은사에 관한 것이며 회중 앞에서 통역과 더불어 하는 공적인 방언의 은사를 언급한 것이다. 이 은사는 모두에게 있는 것이 아니다. 반면에 "너희가 다 방언 받기를 원한다"의 뜻은 공적으로 사용되는 방언이 아니고 주 예수와의 개인적인 교제를 위한 방언을 염두에 둔 것이다.

고린도전서 14장2절은 이렇게 기록하고 있다.

"방언을 말하는 자는 사람에게 하지 아니하고 하나님께 하나니 이는 알아듣는 자가 없고 그 영으로 비밀을 말함이라"

성경은 여기서 아주 단순하게 방언이 하나님과의 은밀한 교제를 위해서 사용됨을 보여 준다.

또 14장 4절은 이렇게 기록되어 있다.

"방언 말하는 자는 자기의 덕을 세운다."

이것은 방언이 개인적 유익을 위해서 사용됨을 뜻한다. 만일 방언 말함이 자기의 덕을 세운다면 이 얼마나 중요한 것인가! 또 14장 14절에서 바울은 "내가 만일 방언으로 기도하면 나의 영이 기도하거니와 나의 마음은 열매 맺지 못하리라"고 말한다.

나는 감탄했다.

"하나님, 그것은 참 신기한 일이군요. 나의 영이 당신과 대화할 수 있다니요. 그것은 정말 놀랍습니다. 하나님 나는 그것이 필요합니다. 나는 마음으로 기도하고 또 방언으로 영의 기도도 하고 싶습니다."

결국 나는 방언이 훌륭한 것임을 깨닫는 데까지 왔다. 하나님이 나에게 방언의 은사를 주시는 이유는 그것으로 내가 아버지와 개인적인 교제를 하라는 것이었다. 방언은 나의 덕을 세우면서 하나님의 영이 나를 하나님과 교제할 수 있게 하는 것이었다.

"하나님, 방언은 멋진 것임에 틀림 없습니다." 내가 소리쳤다. "하나님, 어떻게 하면 방언을 받을 수 있습니까? 주님, 저는 교회에서 공적으로 하는 방언의 은사는 구하지 않지만 당신과 개인적인 교제를 하는 방언은 원합니다."

하나님은 나에게 웨슬레의 찬송을 기억나게 하셨다.

"우리의 놀라운 구원자요. 나의 전능한 구속자를 찬양하기엔 일천 마디의 방언도 부족하다네."

어느 날 내가 설교를 끝마쳤을 때였다. 기쁨과 평강의 찬송이 하늘로부터 나의 가슴속으로 흘러 넘쳤다. 나는 손을 들고 주를 찬양하기 시작했다. 나는 설교할 때 인도네시아 표준어를 사용한다. 나의 영을 넘쳐흐르는 놀라운 기쁨과 평강은 계속되었다. 그러나 인도네시아어로는 15분밖에 찬양할 수 없었다. 그렇지만 나의 전능한 구원자를 찬양하기엔 일천 마디 방언으로도 부족하였다.

나의 가슴 깊은 곳에서 솟아나는 기쁨과 열망은 아직 더 하나님께 경배 드리기 원했다. 나는 예수님께 사랑을 고백하고 싶었다. '예수님 사랑합니다' 이 말을 여러번 반복했다. 그래도 더 경배하고 싶었다. 그래서 인도네시아어를 중단하고 티모르어로 찬양하기 시작했다. 나의 티모르어 찬양도 10분만에 끝났다.

"하나님"

"저는 계속해서 주를 경배하기 원합니다. 인도네시아어와 티모르어로 찬양했습니다. 제가 영어를 몇 마디 압니다. 영어로 찬양하겠습니다."

그리고 계속 찬양했다.

"Praise the Lord, I love you …"

그리고 몇 마디 다른 단어들이 생각났다. 엉터리 영어 찬양도 몇 분만에 끝이 났다.

나는 다시 주님께 기도했다.

"예수님, 저는 당신께 사랑을 고백할 다른 언어가 필요합니다. 주님을 찬양할 일천 마디 방언이 필요합니다."

그 순간 아주 세미한 소리가 들렸다.

"너 정말 방언을 받고 싶니?"

"예, 주님. 제 마음속에는 주님을 경배하고 싶은 끓어오르는 열망이 있습니다. 오, 하나님. 제가 어떻게 하면 당신을 기쁘게 하겠습니까! 저는 예수님을 영화롭게 하기 원합니다."

주님이 말씀하셨다. "지금 나에게 너의 혀를 맡겨라. 그리고 성령께서 너를 통해 말하도록 하여라."

나는 대답했다. "하나님, 지금 저에게 방언을 하라고 하십니까? 저는 원치 않습니다만 주의 뜻이라면 따르겠습니다. 만일 그것이 예수를 기쁘게 하는 것이라면 기꺼이 하겠습니다."

오 - 오, 나는 그 날의 일을 말로는 다 표현할 수 없다. 나는 주님을 깊이 사랑했고 매우 황홀했었다. 성령께서 나의 혀를 주장하실 때 나의 의식은 무슨 말인지 몰랐다. 성경은 나의 영이 기도하거니와 나의 마음은 열매 맺지 못한다고 했다. 그렇지만 성령께서 나의 혀를 사용하여 나의 소중한 구속자이며 나의 소중한 아버지를 영화롭게 하시는 것을 알았다. 나는 성령이 나를 점점 들어 올려 놀랍고, 은밀하고, 개인적인 방법으로 하나님께 말하게 하심도 느꼈다. 그리고 예수님께서 나의 마음을 어루만져 주심을 발견했다.

14
새로운 이해

나는 성령 세례에 대해 좀더 이야기하고자 한다. 성령 세례와 방언을 믿는 우리는 종종 아주 중요한 한 가지 사실을 잊곤 한다.

나의 생각을 설명하기 위해 세 가지 다른 삶을 묘사하는 세 개의 원을 그려보자. 그리고 또 다른 원을 그리되 좀 더 크게 그려서 나중에 소개 될 성경 구절을 써넣을 수 있게 하자.

첫번째 원의 가운데에 예수님과 그 분의 사역을 상징하는 십자가를 그려 넣어라. 이 원은 성령 세례를 받은 그리스도인의 삶을 나타낸다.

두번째 원에는 십자가를 중심에 그리지 말고 원 안의 아무데나 그려 넣어라. 이것은 예수님을 구주로 영접한 사람의 삶을 나타내는데 예수님이 그의 마음 속에만 계실 뿐 아직 성령 세례는 받지 못한 경우이다.

나머지 한 원에는 원 밖에 십자가를 그려라. 이것은 예수님을 알지 못하며, 그 분을 자신의 삶 속에 모시지 않은, 따라서 십자가와 관계 없는 사람의 삶을 나타낸다.

다시 이 세 개의 원을 설명하겠다. 원 안의 어디엔가 놓여진 십자가는 그리스도인의 삶을 뜻하며 원의 외부에 십자가가 있는 것은 비그리스도인의 삶을 나타내는 것이다. 십자가가 원의 중심에 있는 성령 충만한 그리스도인은 예수님을 그의 삶의 중심에 모시고 있는 것이다.

나는 성령 세례가 그리스도가 삶에 충만한 뜻이라고 믿는다. 바로 그 때에 주 예수는 나의 삶 속에서 단 하나의 중심이요, 머리요, 주인이 되신다.

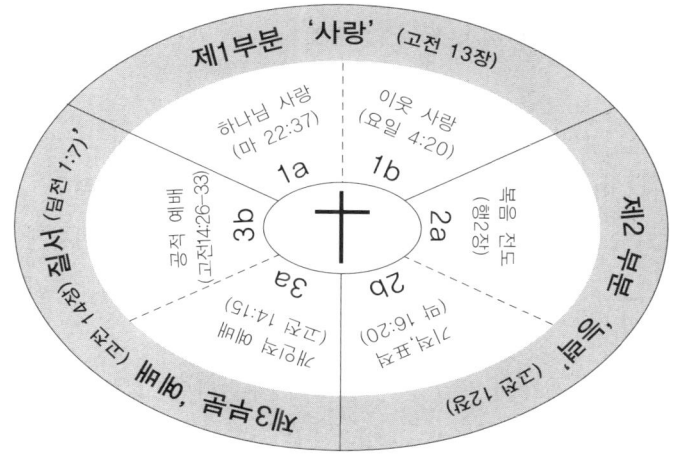

4. 균형잡힌 그리스도인

이제 네번째 큰 원으로 옮겨 그 중심에 십자가를 그려 넣자. 그리고 굵은 선으로 원을 삼등분하여라. 각 부분에 1,2,3으로 표시하고 제 1부분에는 "사랑"이라고 적으라. 이는 고린도전서 13장에서 찾아볼 수 있다. 제 2부분에는 "능력"이라고 적고 고린도전서 12장을 참고하여라. 제 3부분에는 "질서"로 쓰고 디모데후서 1장 7절을 참고하고 그 아래에 고린도전서 14장의 "예배"를 덧붙이도록 하여라.

이와 같은 원과 앞의 세 원을 통하여 그리스도인의 세 가지 조건을 볼 수 있다. 이것으로 나는 매우 중요한 사실들을 설명하고자 한다. 이것을 잘 이해하면 성령 세례와 방언을 확실히 알게 된다.

"성령 세례와 방언의 관계는 무엇입니까?"

"방언이 성령 세례의 유일한 증거입니까?"

이와 같은 질문은 계속해서 여러 사람들의 입에서 터져 나온다. 나는 전에는 방언이 성령 세례의 유일한 표적이라고 믿었음을 고백한다. 그러나 지금은 다르다. 성경을 연구함에 따라 내가 전에 범했던 우를 깨닫기 시작했다.

갈라디아서 3장을 통해 나는 성령 세례에 관한 새로운 통찰을 가지게 되었다.

"또 하나님 앞에서 아무나 율법으로 말미암아 의롭게 되지 못할 것이 분명하니 이는 의인이 믿음으로 살리라 하였음이니라"(11절).

"이는 그리스도 예수 안에서 아브라함의 복이 이방인에게 미치게 하고 또 우리로 하여금 믿음으로 말미암아 성령의 약속을 받게 하려 함이니라"(14절).

만약 누군가 성령세례 받기를 '믿음으로' 구한다면 그는 즉시 받게 됨을 나는 믿는다. 성령 세례는 '믿음으로' 오는 것이기에 우리는 이 '믿음 때문에' 성령 세례 받음을 아는 것이다. 나는 '믿음으로' 주께

구하면 즉시 성령으로 세례를 주시는 주님을 찬양한다. 단순히 누가복음 11장 9절의 말씀 "… 구하라 그러면 너희에게 주실 것이요…"의 성취인 것이다.

이 성서적 약속에 근거하여 우리는 그리스도인의 삶이 경험뿐만 아니라 '하나님의 말씀에 따라' 이루어져감을 알 수 있다. 하나님의 말씀이 이렇게 말하기 때문에 나는 그 위치에 서게 되는 것이다.

오순절 교파와 순복음 교파에 속한 많은 사람들이 성령 세례의 필수 요소로 방언을 강조해 왔다. 누군가 성령 세례를 받았으나 방언을 못하면 우리는 그가 아직 성령 세례를 '못 받았다'고 이야기했다. 우리는 믿음으로 세례를 받는다고 이야기 하면서도 자주 방언의 증거를 기다려 왔다. 그러므로 이 부분을 이해하지 못하면 우리는 그리스도인의 삶에서 하나님 말씀에 근거한 믿음을 외적 증거의 믿음으로 바꾸어 버릴 것이다. 이것은 아주 위험하다.

성령 세례를 갈망하는 사람들에게 강조해야 할 점이 바로 이러한 관점이다. 그들은 믿음으로 성령 세례를 받을 수 있다. 방언의 목적은 좋은 감정을 위해서 있는 것이 아니라 성경이 방언을 한다고 하니까 방언을 하는데 있다. 예수께서는 당신이 구하면 성령으로 세례를 받을 것이라고 말씀하셨다. 우리가 이런 기본적인 관점을 이해하면 더 깊은 진전을 얻게 된다. 우리의 삶은 주 예수와 그의 사역의 올바른 기초 위에 세워져야 한다.

성경 마가복음 16장 17절을 보자.

"믿는 자들에게는 이런 표적이 따르리니 곧 저희가 내 이름으로 귀신을 쫓아내며 새 방언을 말하며 뱀을 집으며 무슨 독을 마실지라도 해를 받지 아니하며 병든 사람에게 손을 얹은즉 나으리라."

이 말씀에 보면 방언은 따르는 표적 중의 하나이다. 그것은 유일한 증거가 아니라 다른 것들 중의 하나이다. 방언에 관한 참고 구절은 사도행전 10장, 12장 그리고 19장이다. 물론 여기에 기록된 사건들은 진실이며 명백히 성서적이다. 성령 세례를 받은 사람은 즉시 혹은 그 후에 방언을 하였다.

그러나 다시 말하거니와 방언이 성령 세례의 유일한 표적은 아니다. 주님은 나에게 더 나은 체험을 주셨다. 즉 방언은, 즉시로 나타나든 나중에 나타나든 그리스도인이 '믿음으로' 이미 받은 '성령 안에서의 발전'이라는 것이다.

방언에 관한 다른 견해는 사도행전 10장과 19장에 나타난다. 성령 세례를 받았을 때 방언을 하며 예언하는 것은 사도행전 19장에서 아주 명백하다. 사도행전 10장에는 방언을 할 뿐 아니라 하나님을 높이는 장면이 나오기도 한다. 사도행전 2장에도 방언을 말하는 것이 나타난다. 사도행전에서의 방언에 관한 이러한 반복적인 사건에도 불구하고 방언이 성령 세례의 유일한 표적이라는 주장은 성서적이라 할 수 없다.

이런 주장 때문에 오순절 교파와 순복음 교파 외의 신자들이 방언을 받아들이기 곤란했다. 앞서 언급한 성경으로 다시 돌아가야 한다. 무엇보다도 개인은 '믿음으로' 성령 세례를 받아야 하며 외적 표적인 방언의 경험에만 의존해서는 안 된다.

이제 세 부분으로 나눠지고 중심에 십자가가 위치한 네 번째 큰 원으로 돌아가자. 그리고 각 부분을 점선을 찍어 다시 두 부분으로 나누어라.

제 1 부분을 1a와 1b로, 제 2 부분을 2a와 2b로, 제 3 부분을 3a와 3b로 각각 이름 붙여라. 1a에 들어갈 성경 구절은 마태복음 22장 37절이다.

"예수께서 가라사대 네 마음을 다하고 목숨을 다하고 뜻을 다하여 주 너의 하나님을 사랑하라 하셨으니"

1b에는 요한일서 4장 20절을 써 넣으라.

"누구든지 하나님을 사랑하노라 하고 그 형제를 미워하면 이는 거짓말하는 자니 보는 바 그 형제를 사랑치 아니하는 자가 보지 못하는 바 하나님을 사랑할 수가 없느니라."

(만약 당신이 그린 원이 충분히 크다면 모든 성경 구절을 써넣을 수 있다. 그러나 작다면 장, 절만 표시하되 말씀은 암기하고 마음에 기억하라.)

이 도표의 뜻은 다음과 같다. 이는 우리가 성령 세례를 받으면 사랑이 자라나게 됨을 뜻한다. 에베소서 3장 전체에 걸쳐 말하는 것처럼 우리가 사랑 안에서 자라고 풍성하게 되는 것이다. 만약 우리의 사랑이 더욱 더 자란다면 1a의 하나님께 뿐만 아니라 1b의 이웃에 대해서도 사랑이 풍성해질 것이다.

즉 성령 세례의 결과로써 우리 안에 성령의 열매가 맺히는 것이다. 고린도전서 13장에서 말하는 대로 사랑의 본질은 하나님과 사람 모두에 대해서 피어나야 하는 것이다. 불행하게도 사랑이 성장은 하지만 이 부분(1a와 1b)에서 균형을 잃은 사람들이 많이 있다. 성령 세례를 받고 하나님에 대한 사랑은 커가지만 이웃에 대해서는 그렇지 못한 사람들의 경우가 그렇다.

이 책의 앞에서 이야기했던 휴스턴에 사는 자매를 기억할 줄 안다. 그녀는 "오, 하나님. 나는 너무나도 당신을 사랑합니다"라고 말했지만 그녀의 남편은 사랑하지 않고 있었다. 이 자매가 1a에는 성장했으나 1b는 성장하지 못한 예(例)인 것이다.

큰 원의 제 2부분은 "능력"이다. 그것은 사람들을 그리스도께로 나오게 하는 복음의 사역 혹은 권능의 사역으로 설명할 수 있다. 2a는 복음전도의 능력이다. 사도행전에서 많은 사람들을 주께로 인도했던 베드로가 이 능력을 가졌음은 명백하다. 2b는 기적과 표적이 따르는 능력이다. 이것은 마가복음 16장 20절에 나타났다. 이처럼 성령의 능력은 두 가지로 보여지는데 하나는 2a로써 영혼들을 그리스도께로 인도하는 능력이며 다른 하나는 2b로써 기적과 놀라운 일들을 행하는 능력인 것이다.

제 3부분은 "질서"이다. 나의 연구로는 최근까지 차이점을 찾을 수 없었지만 예배와 질서는 같은 곳에 놓여질 것이다. 고린도전서 14장의 질서는 실제적으로 예배 방법의 질서를 말한다. 바울 사도는 공적이든 사적이든 예배의 질서를 강조했다. 그래서 제 3부분에 예배와 함께 질서를 넣는 것이 정당하다고 보는 것이다.

그리고 이것은 우리가 성령 세례를 받은 후에 성숙해지는 우리 삶의 3번째 부분인 것이다. 그것은 다시 두 부분으로 나뉜다. 3a에는 개인적, 3b에는 공적(公的)이라고 써라. 설명하면 고린도전서 14장 15절에서와 같이 개인적 예배에서는 마음으로, 또한 영으로 주께 예배드린다. 영으로 주께 예배드린다는 것은 방언으로 주께 경배함을 의미하는 것이다. 그리고 고린도전서 14장 26절에서 33절까지에서와 같이 공적으로 주께 예배드릴 때는 방언과 통역과 신령한 노래가 있는 것이다.

그리스도인이 성령 세례를 받은 후에 그의 성숙의 3a와 같이 개인적으로 방언을 할 것이라고 나는 믿는다. 방언의 필요성에 의문을 가지는 방관자에게 유명한 성경교사이며 저술가인 「다윗 두플레싯」은 말하기를 "반드시 해야하는 것은 아니지만 하게 될 것이다"라고 하였다. 왜 그럴까? 성령께서는 당신이 사랑과 능력의 영역에서 뿐 아니라 예배의 영역에서도 성장하게 하실 것이기 때문이다. 당신이 예배의 영역에서 성장한다면 조만간에 방언을 말할 것이다. 이것이 성서적 순서에 입각한 방언의 위치임을 나는 확신하다.

웨슬레, 빌리 그래함, 그리고 방언

오순절 교파와 순복음 교파의 성령 운동 밖에 있는 많은 사람들은 이런 의문을 제기한다.

"요한 웨슬레 같은 사람은 어떻습니까?"

그들의 생각으로는 요한 웨슬레가 주님의 사역자임이 분명하지만 방언은 하지 않았다는 주장을 하고 싶은 것이다. 당연히 웨슬레의 방언 여부는 증명할 수 없다. 아무도 웨슬레의 신앙 생활에 관한 직접적인 지식은 갖고 있지 않다. 웨슬레가 방언을 하지 않았다고 가정하자. 그러면 그가 성령 세례를 받았을까? 물론이다. 웨슬레는 성령 세례를 받았다. 그런 그는 왜 방언을 하지 않았을까? 다시 말하거니와 누구도 웨슬레가 방언을 했는지 안했는지 알 수 없다.

나는 미국에 와서 웨슬레 부흥 당시의 성령의 역사로 말미암아 자주 사람들이 그들의 입에 수건이나 손을 가져갔다고 들었다. 사람들은 자신들이 원치 않는 발성 현상이 자주 있었기에 그것을 막는 방법으로 입에 무엇인가를 갖다 댄 것이었다. 나는 그 이야기가 얼마나 정확한 것인지는 모른다. 그러나 그 이야기가 사실이라면 그 당시에 방언의 현시는 명백한 것이 된다. 사람들은 예배의 이런 영역에 대해서는 개발하지 않았거나 그런 현상이 일어남을 억제한 것이다.

웨슬레가 방언 사역에 얼마나 깊이 관여했는가를 밝히는 것은 그리 중요하지 않다. 그가 성령 세례를 받았다는 것은 의심할 여지가 없으며 명백히 그는 제 1부분인 사랑에 있어서 성숙했다. 웨슬레는 분명히 하나님과 이웃을 사랑했다. 그는 사람들을 사랑했고 많은 사람들이 그리스도를 알고 구원받기를 원했으므로 그의 삶을 바쳐 설교했다. 웨슬레는 제 1부분에 있어서 결점이 없는 아주 성숙한 사람이었다.

그러면 웨슬레가 제 2부분에서도 성숙하였는가? 그의 사역을 통해 많은 사람들이 주님께 나왔기 때문에 2a의 영역에서 웨슬레는 분명히 성숙했다. 그러나 나는 웨슬레의 삶에서 기적과 표적(2b의 영역)이 있었음은 듣지 못했다. 그의 사역에 아무런 기적이 일어나지 않았다고 해서 웨슬레가 성령 세례를 못 받았다는 것은 아니다. 단지 그가 2b의 영역에서는 성장하거나 발전하지 못했다고 생각할 수는 있다. 아마도 그는 2b의 영역을 몰랐기 때문에 발달시키지 못했을 것이다. 또 기적은 일어날 수 없다고 가르치는 많은 지도자들의 가르침이 원인일 수도 있다.

다른 회의론자들은 빌리 그래함에 대해서 묻는다.

"빌리 그래함이 방언을 합니까?"

나는 잘 모른다. 그의 사역을 통해 많은 사람들이 주님을 알게 되었다. 그가 방언을 하든 못하든 이것은 사실이다. 이러한 점에서 그는 웨슬레의 경우처럼 그런 성숙을 한 것으로 평가된다. 명백히 그는 1a와 1b의 사랑에 있어서 성숙했으며 능력의 2a의 영역에서도 상당히 발달했음을 누구나 인정한다. 그의 대중전도 사역이 주 안에서 성공하고 있음을 모두가 알고 있다.

그러나 그가 아직 발달하지 못한 영역(2b)이 남아 있음을 생각할 수 있다. 우리는 그가 방언과 표적의 발달을 원하지 않는다고 그를 비난해서는 안 된다. 비록 그가 한 영역에서 부족하다고 해도 그를 성령 세례 받지 못한 사람이라고 말해서는 안 되는 것이다.

빌리 그래함과 비슷한 발달이 인도네시아의 내 친구에게서도 일어났다. 그는 주님에 의해 사용을 받았으며 제 1부분(사랑)과 제 2부분(능력)에 있어서는 매우 발달하였지만 아직 제 3부분(예배와 질서)에서는 그렇지 못하고 있다.

나의 삶에서도 뒤늦게 발달이 일어났다. 내가 성령 세례를 받았을 때 옆 사람은 방언을 하였으나 나는 하지 못하였다. 비록 일찍 성령 세례를 받았어도 일년이 지나서야 제 3부분의 발달이 시작된 것이다.

미국의 베다니 선교회에서 허그리 목사를 만났다. 그가 말하기를 자신은 13년 혹은 15년 전에 성령 세례를 받았다고 했다. 그 때 이후로 그의 삶에서 기적과 표적들이 나타났지만 최근까지 예배의 영역에서는 발달의 필요성을 느끼지 못했다고 한다. 그러나 이제는 그도 개인 기도시에 방언을 하고 있다고 했다.

오순절 교파나 순복음 교파에 접하지 못하고 신앙생활을 해온 많은 사람들은 이러한 가르침을 받아들이기에 종종 많은 시간이 걸린다. 그래서 여러 해 동안 방언에 반대하는 강한 가르침이 있어왔다. 그러나 이러한 배경을 지닌 사람들도 제 3부분(예배와 질서)의 성숙을 깨닫는 데는 그리 많은 시간이 필요치 않을 것이다.

균형 잡힌 그리스도인의 삶

모든 영역에서 성숙된 균형 잡힌 그리스도인의 삶은 경이로운 것이다. 사랑에 대해서 성숙해 갈수록 우리는 하나님을 더욱 사랑하기 시작한다. 그러면 우리는 다른 사람들도 사랑할 수 있다. 하나님의 능력을 더욱 더 추구한다고 우리가 수고해야 할 부분을 부인하는 것은 아니다. 당신이 사람들을 사랑하면 더욱 이 능력을 원한다. 성령이 당신을 통해 일하시고 그래서 많은 사람들을 하나님께로 이끄는 것이 당신 마음의 가장 큰 소원임에 틀림없다.

많은 그리스도인들이 이렇게 말한다.

"나는 사람들을 사랑하고, 그들을 주께로 인도하기 원합니다. 그러나 나에게 그것을 할 만한 능력이 없습니다."

이런 말은 항상 나를 슬프게 한다. 우리에게 사랑이 충만하면 할수록 능력도 충만하게 된다. 당신이 사람들을 사랑하면 할수록 주께서 당신을 사용하여 그들을 구원하시도록 더욱 열망할 것이다. 나는 주께서 많은 그리스도인들의 마음 속에 계속적인 영적 은사를 구하는 열망을 부어 주시도록 기도한다. 이 은사들은 고린도전서 14장에 언급되어 있다. 기도하면 성령께서 보다 큰 하나님의 능력을 보여주기 시작할 것이며, 정확무오한 증거와 하나님의 기적과 표적을 나타내실 것이다.

우리가 사랑과 능력의 두 부분에서 적절한 발달을 한다면 기적이 일어나고 사람들이 구원받는 열매를 보기 시작할 것이다. 그렇게 되면 하나님을 더욱 더 찬양하는 것은 자연스러운 일이다. 하나님께서 우리를 사용하셔서 사역이라는 이러한 기쁨 때문에 하나님께 대한 우리의 찬양은 증가할 것이다. 하나님을 사랑할수록 하나님께 더욱 더 예배드리고자 하는 것이 진리이다.

더욱 더 그 분의 능력을 볼수록 하나님께 예배드림이 더욱 더 우리의 기쁨이 되는 것이다. 따라서 제 3부분의 발달은 자연스러운 결과로 나타나게 됨을 이해할 수 있다. 또 우리는 예배 부분에서 개인적인 방언과 공적인 방언의 양 부분을 모두 성숙시키고자 사모하게 될 것이다.

이상이 균형잡힌 그리스도인의 성숙에 관한 것이다. 이와 같이 세 가지 부분에서 모두 성장하는 것이 필요하다. 사람들 중에는 한 가지 부분에서만, 예컨대 제 1부분에서만 성장하기를 원한다. 어떤 이들은 하나님께 대한 사랑에서만, 다른 이들은 복음의 제 2부분에서만 성장한다. 또한 오순절 운동과 순복음 교파 내의 몇몇은 제 3부분에서만 지나치게 발달했음을 인정해야 한다. 그런 경우는 자칫하면 하나님과 사람에 대한 사랑이 무시될 수 있는 것이다.

설명한 바와 같이 규정한 세 영역 안에서 골고루 성장하지 못할 때 그것은 바람직하지 않은 것이다. 원이 단지 사랑과 예배의 영역에서만 성장하면 그 원은 '찌그러지게' 된다. 얼마나 우스운 일이겠는가! 만약 자동차 바퀴로 찌그러진 원을 사용한다면 그것이 둥근 타이어 같지는 않을 것이다. 이런 차바퀴를 가지고는 덜컹대는 여행을 할 수밖에 없다.

나는 경고한다!

덜컹거리는 그리스도의 삶을 살지 말아라. 당신의 차바퀴 (그리스도의 생활)가 교회 밖의 사람들에게 좋게 보이지는 않을 것이다. 감히 아무도 원 5와 같은 차바퀴를 가진 차를 타고자 하지는 않을 것이다.

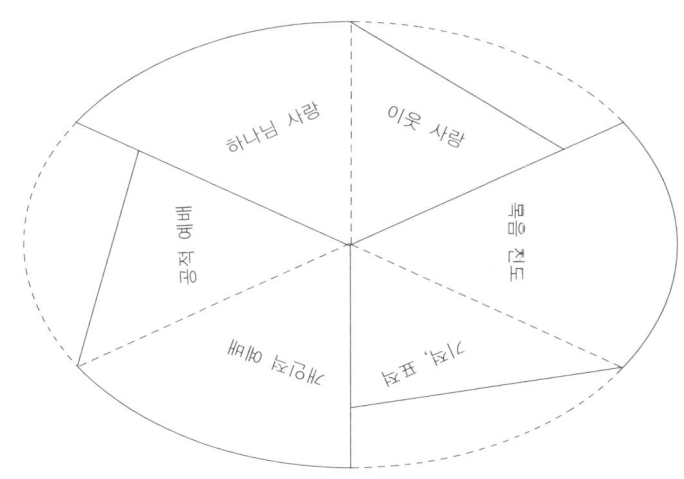

5. 불균형 그리스도인

내가 언급했던 세 영역에서의 성장은 바람직한 크리스찬의 삶을 가져온다. 1a의 영역에서 하나님께 순종하고 경외함으로 더욱 더 하나님을 사랑하게 됨을 배운다. 그리고 1b에 충만하도록 이웃 사랑이 성숙하면 우리의 삶은 온전한 그리스도의 사랑을 표현하게 된다. 이웃 사랑이 충만해지면 2a와 2b의 복음의 능력도 성숙되어야만 한다. 또한 3a와 3b의 경험은 그리스도인의 삶에서 절정을 이룰 것이다.

거짓사역
진정한 성령의 사역은 앞에 이야기한 방법으로 온다. 그러나 악한 영들의 거짓 사역도 또한 실재이다.

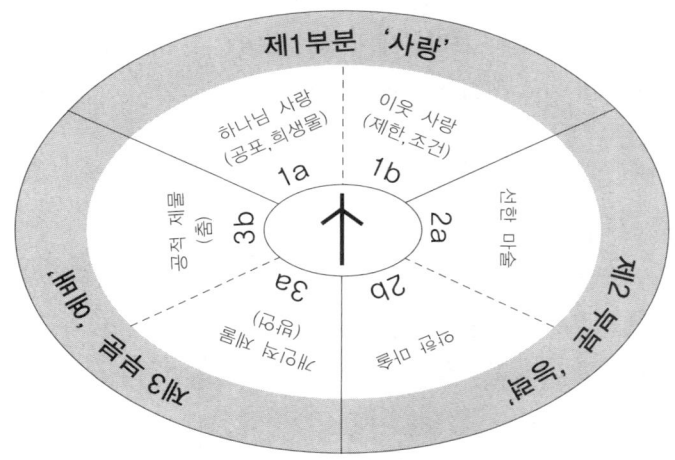

6. 거짓사역

다섯번째 또 다른 원을 그려보자. 원 안에 가지가 부러진 십자가를 그려 놓아라. 이런 기호가 젊은이들에 의해 채택된 이래 유명하게 된 '평화의 상징'이다. 이 원은 마귀의 표적을 상징한다. 이 원을 사랑, 능력 그리고 예배의 세 부분으로 나누어 보아라. 그리고 1a와 1b와

2a,2b 그리고 3a,3b로 구분하여라.

　제 1부분에서 거짓 영은 예수 그리스도를 영접하지 아니 했거나 성령 세례를 받지 못한 사람들의 삶 속에서 성장을 도모한다. 이러한 사람은 예수를 믿지 않고 영적 삶의 어두움 속으로 빠져드는 인도네시아의 우상 숭배자에 비유될 수 있다.

　그러면 그리스도인으로서 우리는 그리스도인의 영적 삶에 더 깊이 자라도록 자신을 드리고 있는가? 우리는 어두움을 지워 버리는 예수님과 함께 빛에 거하는 상태임을 자각해야만 한다!

　다시 거짓 십자가를 바라보면서 우상 숭배자의 하나님께 대한 사랑도 성장함을 알아야 한다. 그러나 그것은 기쁨이나 거룩함으로 하나님께 순종하기보다는 하나님에 대한 공포인 것이다. 이교도나 우상 숭배자는 하나님에 대한 지식이 늘어날수록 두려움도 증가한다. 결과적으로 그들은 하나님의 마음을 달래기 위한 유화책으로 제물을 바친다.

　우리 그리스도인들은 이와 같은 처지에 빠지지 않는지 모르겠다. 우리는 하나님을 너무 두려워하며 그분을 기쁘게 하기 위해 최고의 노력을 한다. 이것 또한 거짓 사랑인 것이다. 이런 영은 그릇된 동기에서 하나님의 일을 하고자 하는 사람을 신경과민으로 만들뿐이다.

　네번째 원의 1b 영역과 같이 우상 숭배자들도 이웃 사랑에서 성장할 수 있다. 단 그들의 이웃 사랑은 아주 제한적이다. 만약에 남들이 동일한 사랑으로 되돌려 준다거나 호의에 특별히 감사를 할 때, 남들에게 호의를 베푼다는 것은 쉬운 일이다. 그러나 이런 상호적 호의가 없다면 우상 숭배자들의 사랑은 곧 말라버릴 것이다.

　그러면 거짓 능력은 무엇인가? 이것은 아주 실제적인 힘이다. 그것은 네번째 원의 2a 영역을 모방한 '선한 마술'로 불린다. 이 능력은 점성술, 예언, 때로는 주술적 병고침도 포함한다. 우상 숭배자의 전통

속에서도 그러한 방법을 좇아 능력이 성장해 가는 사람들이 있게 마련이다. 2b의 영역에서는 '악한 마술'이라는 이름 아래 거짓 표적들이 나타난다.

제 3부분의 3a와 3b의 영역도 매우 중요하다. 이교도 국가를 방문한다면 개인적 예배가 그들의 마음에 얼마나 필수적인가를 깨닫게 된다. 마귀들도 그들의 추종자들이 자신에게 예배하기를 원한다는 사실을 이해하게 될 것이다. 그렇다면 우리의 주되신 예수님은 얼마나 더 우리가 '그분을' 예배하기 원하시겠는가! 우상 숭배자들은 은밀한 예배에서 제물을 바침으로 마귀들을 숭배한다. 인도네시아 발리 섬에서는 마귀를 찬양하는 비밀스런 예배 형태가 있었고 귀신의 방언도 있었다. 그들이 마귀로 충만한 날에는 황홀경에 빠져 방언을 했던 것이다.

이런 일들이 실제로 일어났지만 모든 방언이 사단에게서 온 것으로 생각할 수는 없다. 마귀가 방언을 하게 하는 능력이 있다면 성령은 더욱 그렇다. 방언을 하는 것이 마귀에게도 중요한 것이라면 예수님에게는 더욱 그러한 것이다. 방언을 한다는 것이 마귀에게도 중요한 것임에 틀림없다. 그렇다면 예수께서 당신에게 이러한 은사를 주시도록 간구하는 일은 얼마나 더 중요하겠는가!

한 가지는 확실하다. 만약 우리가 성령께 방언함을 주시도록 구한다면 그는 결코 마귀의 거짓된 것을 주시지 않을 것이다. 자주 모여 춤을 추고 제물을 드리는 것이 우상 숭배자의 관습이다. 저들은 마귀를 위해 그렇게 열심히 할 수 있지만 단지 지옥에 갈 뿐이다. 그러므로 천국의 소망이 분명한 그리스도인들은 더욱 열심히 예수님을 예배할 것이다.

나의 신념은 확실하다. 주님의 사역은 위대하며 그분은 자기 사람들을 알고 계신다. 정말 예수님은 당신의 힘이 되고 있는가?

15
하나님의 뜻을 아는 법

그리스도인의 삶에 있어서는 특히 주님을 섬기기 원하는 사람들에게는 두 가지의 매우 중요한 일이 있다.

첫째는 순종이다. 우리는 주님께 순종해야만 한다. 성경은 전체를 통하여 하나님께서 그에게 순종하는 사람들을 통해서 하신 놀라운 일들을 우리에게 보여 준다. 하나님의 뜻을 알고 그에 복종하는 것은 매우 중요하다.

둘째는 어떻게 하나님의 뜻을 알 수 있느냐 하는 것이다. 이것이 대다수 그리스도인들의 부르짖음이다. 구약 성경에 보면 아브라함은 하나님이 그에게 말씀하시는 것을 들었고 순종했다.

오늘날 많은 그리스도인들이 하나님을 섬기기 원하지만 실제 생활에서 그의 뜻을 확신하지 못하고 있다. 인도네시아 부흥이 일어나면서 주님은 우리가 그에게 복종하는 여러 가지 방법을 보여주셨다. 주님은 일곱 가지의 각각 다른 방법으로 말씀하셨다.

하나님이 음성으로 말씀하시다

하나님이 우리에게 말씀하시는 한 가지 방법은 귀로 듣게 하시는 것이다. 신구약 성서에는 하나님이 음성으로 말씀하셨음이 기록되어 있다.

구약에 보면 이런 구절이 있다.

"엘리가 사무엘에게 이르되 가서 누웠다가 그가 너를 부르시거든 네가 말하기를 여호와여 말씀하옵소서 주의 종이 듣겠나이다 하라 이에 사무엘이 가서 자기 처소에 누우니라 여호와께서 임하여 서서 전과 같이 사무엘아, 사무엘아 부르시는지라. 사무엘이 가로되 말씀하옵소서 주의 종이 듣겠나이다"(삼상3:8-10).

신약에서도 우리는 같은 예를 보게 되는데 하나님께서 사울에게 말씀하신 일이다.

"사울이 행하여 다메섹에 가까이 가더니 홀연히 하늘로서 빛이 저를 둘러 비추는지라. 땅에 엎드러져 들으매 소리 있어 가라사대 사울아, 사울아 네가 어찌하여 나를 핍박하느냐 하시거늘 대답하되 주여 뉘시오니이까? 가라사대 나는 네가 핍박하는 예수라"(행 9:3-5).

인도네시아에 '오항가라 베드로'란 이름의 한 청년이 있었다. 그는 열여섯살 때 우리 성경학교에 다녔다. 그 소년은 초등학교 6학년 때 예수님을 자신의 구주로 영접했다. 그 후에 2년쯤 신앙 생활을 잘 하던 그는 처음 사랑을 잃어버리고 신앙을 버렸다. 그러던 어느 날 부엌에 있다가 그는 하나님께서 부르시는 작은 소리를 들었다.

"베드로야, 너 지금 무엇하고 있니?"

그는 어머니가 부르는 소리로 생각하고 밖으로 나와 어머니께 자기를 불렀느냐고 물어보았다. 대답은 아니었다. 다시 부엌으로 돌아온 그는 약간 당황했다. 분명히 어머니가 불렀을 줄 생각했는데 아니었기 때문이다.

다시 그의 이름을 부르는 소리가 명확히 들렸다. "베드로야, 너 지금 무엇하고 있느냐?"

이번에는 그 목소리가 어머니가 아님을 알고 밖으로 뛰어 나갔다. 그러나 밖에는 아무도 없었다. 다시 부엌으로 돌아온 그에게 세번째 음성이 들렸다.

"베드로야, 너 지금 무엇을 하느냐?"

이번에는 베드로의 마음이 성령으로 감동이 되어 깨달았다.

"이 소리는 주님께서 나를 부르시는 것이다."

그는 그 목소리에 응답했다.

"주님, 만일 당시이시면 제가 어떻게 하는 것을 원하십니까?"

주님이 말씀하셨다.

"나는 네가 나의 종이 되어서 「칼리만탄」섬으로 가길 원한다."

성령에 감동된 베드로는 자신의 생애를 주님께 헌신하였다. 그는 지금 우리 성경학교에서 「칼리만탄」(보르네오)에 가기 위해 준비하고 있다. 주를 섬기기 위해 해외로 나가는 대부분의 선교사들은 주님께서 음성으로 말씀하시는 것을 들은 사람들이다.

1962년 부흥운동이 일어나기 전, 평신도는 교회에서 설교하지 못했다. 그래서 목사님은 교회의 여러 가지 일로 바빴고 우리는 이교도들에게 복음을 전하지 못하고 있었다. 「소우」에서 5킬로쯤 떨어진 곳에 「투바나우」라 불리우는 이교도 마을이 있었다.

어느 날 '셈·훼트'라는 이교도 제사장이 그들의 "피의 신"에게 희생을 드리고 있었다. 그 제사장은 나병환자였다. 희생을 드리는 중에 예수님이 나타나셔서 자신을 그 제사장에게 소개하였다.

"나는 네가 찾고 있는 하나님이다" 주님이 말씀하셨다. "이것은 나를 섬기는 방법이 아니다."

"주여, 당신은 누구시며 어떻게 섬기기를 원하십니까?" 그 제사장이 물었다.

"내 이름과 나를 섬기는 법은 후에 알려 주겠노라." 주님이 지시하셨다. "너는 먼저 모든 신상들과 마법기구를 불태워야 한다. 네가 이 일을 끝마치면 내가 다시 찾아와 나에 관한 모든 것을 알려주겠다."

그리고 주님은 사라졌다.

그 제사장은 동네 사람들에게 하나님께서 그에게 나타나셨던 일과 모든 신상들과 마법기구를 불태우라는 명령을 전했다. 그가 대제사장이었기 때문에 주민들은 그의 말대로 순종했다.

그리고 난 후에 제사장이 기도했다.

"하나님, 저는 당신이 명령하신 대로 우리의 신상을 불태웠습니다. 신상과 마법기구는 하나도 없습니다. 지금 저에게 다시 말씀하옵소서."

주님이 그에게 다시 나타나셨다.

"내 이름은 예수다."

예수는 그 제사장에게 구원과 그리스도인의 생활에 대해서 성경을 풀어서 설명해 주었다. 제사장의 문둥병도 치료되었다. 그 제사장은 문맹이었다. 주님은 그에게 「소우」마을로 가라고 말씀하셨다. "「소우」에 가서 연필과 종이를 사라." 그는 순종했다. 그가 연필과 종이를 사서 마을로 돌아오자 주님은 그의 손을 움직여 종이에 성경구절을 써 주었다. 제사장은 티모르 표준어가 아닌 상형문자를 사용했다. 주님은 그에게 성경 전체에 나오는 많은 이야기를 상형문자로 적어 주었다. (이 다음 페이지의 사진이 바로 그 상형문자다)

그는 주님이 적어 주신 글들을 쉽게 읽을 수 있었다. 제사장은 즉시 마을 사람들에게 하나님을 증거했다. 그가 대제사장이었기에 마을 사람들은 그의 말을 신뢰했고 예수를 믿게 되었다.

몇몇 마을 사람들이 반발했다. "당신 이야기는 크리스찬들의 말과 같은데 우리는 기독교인이 아니다."

그 제사장이 대답했다. "우리는 예수를 믿고 하나님이 나에게 말한 것만 믿을 뿐이다."

예수께서 계속해서 그들을 가르쳤다. 우리가 복음을 전하러 그 마을에 갔을 때 우리는 그들에게서 주님과 동행하는 거룩한 크리스찬의 향기를 맛볼 수 있었다.

환상을 통해 말씀하시다

하나님이 우리에게 말씀하시는 두 번째 방법은 환상을 보여주는 것이다.

구약 에스겔 1장 1절을 보자.

"제 30년 4월 5일에 내가 그발 강가 사로잡힌 자 중에 있더니 하늘이 열리며 하나님의 이상을 내게 보이시니"

신약의 계시록 1장 10절, 11절에서도 그런 말씀을 볼 수 있다.

"주의 날에 내가 성령에 감동하여 내 뒤에 나는 나팔소리 같은 큰 음성을 들으니 가로되 너 보는 것을 책에 써라."

많은 경우에 있어 우리는 전도여행을 떠나려고 준비할 때 어느 마을로 가야할지 모른다. 티모르에는 길도 분명치 않고 지도도 없다. 정글에는 오솔길과 샛길밖에 없다. 전에 갔었던 익숙한 길이 아니면 어떤 마을을 찾는다는 것은 지극히 어렵다. 그럴 때 우리는 종종 하나님께 환상을 보여 달라고 기도한다. 환상은 하나님의 텔레비전을 보는 것과 같다. 하나님은 환상을 통해서 똑바로 가라, 나무가 무성한 곳으로

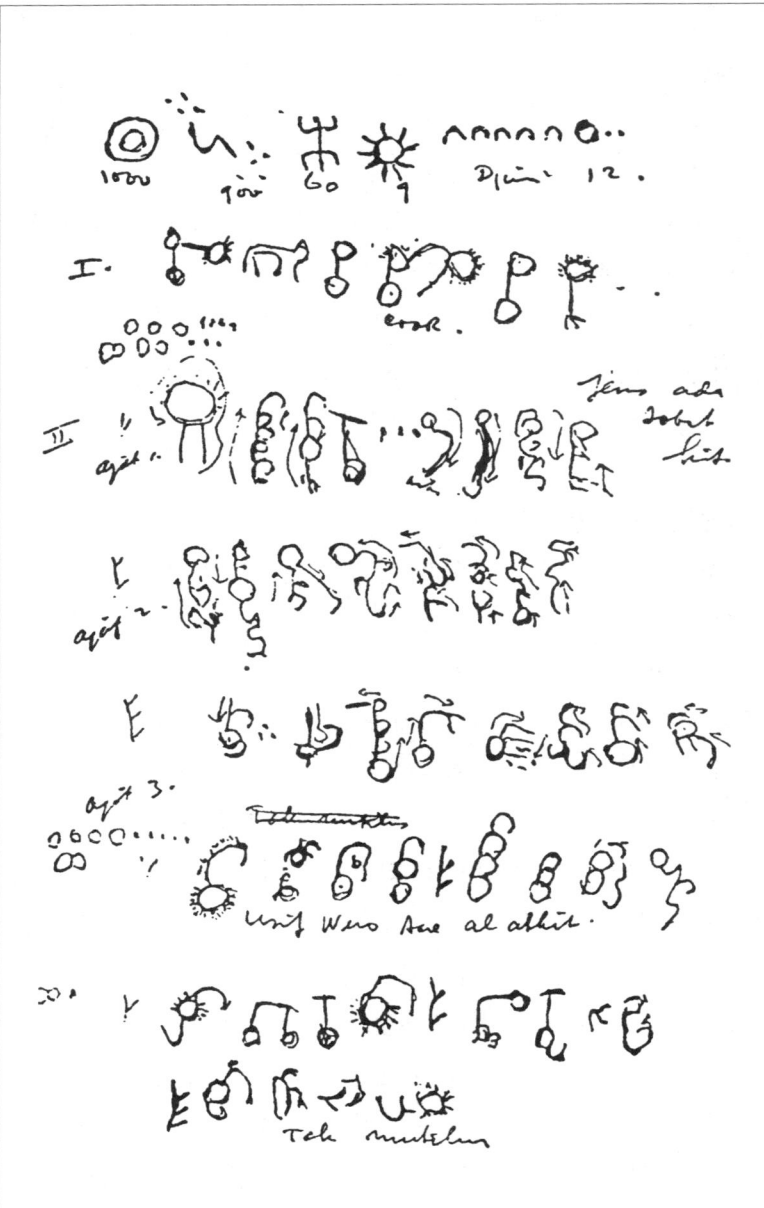

가라, 강을 건너라 등의 지시를 하신다.

하나님의 지시를 받아 따라가면 우리는 우리가 원하는 장소까지 가게 된다. 그곳에 도착해 보면 하나님께서 왜 우리에게 환상을 보여 주시며 인도하셨는가를 깨닫게 된다. 거기에는 우리가 필요를 채워 주기를 고대하는 많은 사람들이 있기 때문이다.

꿈을 통해 말씀하시다

하나님이 말씀하시는 또 다른 방법은 꿈이다. 구약 창세기 31장 11절을 보자.

"꿈에 하나님의 사자가 내게 말씀하기를 야곱아 하시기로 내가 대답하기를 여기 있나이다."

신약 마태복음 2장 13절에서도 볼 수 있다.

"저희가 떠난 후에 주의 사자가 요셉의 꿈에 나타나 가로되 헤롯이 아기를 찾아 죽이려 하니 일어나 그 모친을 데리고 애굽으로 피하여 내가 네게 이르기까지 거기 있으라."

가끔 우리는 꿈을 통하여 하나님께서 우리에게 하시는 말씀을 알게 된다. 하나님이 항상 꿈으로만 말하는 것은 아니다. 부흥이 일어난 후 많은 사람들이 소문을 듣고 확인하기 위해 우리나라에 오고 싶어했다. 어떤 사람들은 우리에게 오겠다는 편지를 보내기도 하였다.

1967년에 한 형제가 인도네시아에 왔다. 우리 팀의 한 자매가 그 형제가 올 것이라는 꿈을 꾸었다. 그녀는 그 형제의 얼굴을 보았고 도착할 날짜를 정확히 알았다. 그 형제는 인디애나 주 웨스트 휠드에서 온 'G.T 버스틴' 씨였다.

예언으로 말씀하시다

하나님이 말씀하시는 네번째 방법은 예언이다. 구약이 예언으로 가득 차있다는 것은 당신도 이해할 것이다. 신약의 사도행전 21장 10절과 11절을 보자.

"여러 날 있더니 한 선지자 아가보라 하는 이가 유대로부터 내려와 우리에게 와서 바울의 띠를 가져다가 자기 수족을 잡아매고 말하기를 성령이 말씀하시되 예루살렘에서 유대인들이 이같이 이 띠 임자를 결박하여 이방인의 손에 넘겨주리라."

내가 미국에 가기 전에 주님이 한 형제에게 나에 관한 예언의 말씀을 주셨다. 내 여행의 모든 상세한 일정과 해야 할 일들이 주어졌다. 나는 그 예언을 노트에 기록했고 그 지시대로 순종했다. 이 노트에 기록된 많은 예언이 이루어졌고 몇 가지는 아직도 성취되길 기다리고 있다.

예를 들면 나는 「소우」에서 텍사스의 허스톤까지의 왕복 티켓 한 장을 가지고 있었는데 이 형제는 내가 유럽과 이스라엘에도 갈 것이라고 예언했다. 당시에 나는 그것이 불가능하다고 생각했다. 그러나 지금은 오직 주를 찬양하고 있다. 나는 유럽과 이스라엘을 경유해서 「소우」로 돌아가게 될 것이다. 할렐루야!

세미한 음성으로 말씀하시다

하나님은 은밀한 작은 소리를 통해서도 말씀하신다. 이것은 성령께서 우리 마음에 깨닫게 하시는 것이다. 이런 일은 말로 설명하기가 매우 곤란하다. 대부분의 그리스도인들은 이런 형태의 음성을 가장 많이 듣게 된다. 당신은 마음의 깊은 내부에서 해야할 것인가 하지 말아야할 것인가를 알게 된다. 이 느낌은 종종 당신의 이성에 의해 사라져 버린다.

만일 당신이 불안하거나 강박관념을 느끼면 그것은 사단으로부터 온 것이다. 예수님은 결코 강박관념으로 우리를 인도하지 않는다. 주님은 우리에게 그의 평강을 주신다.

성경을 통해 말씀하시다

하나님은 우리가 묵상하는 성경 말씀을 통해서도 말씀하신다. 우리는 하나님께서 말씀하실 수 있도록 매일 성경을 읽어야 한다. 그러나 내가 말하는 뜻은 어떤 사람들처럼 성경을 점치는 책으로 사용하라는 것은 아니다. 우리가 주님을 간절히 찾는 시간 동안에 주님은 우리를 인도하시기 위해 말씀을 주신다. 또 우리에게 주님의 뜻을 확증시키기 위해서 성경의 어떤 구절, 장, 절 등을 우리 마음에 주시기도 한다. 주님은 내가 집을 떠나 미국에 가기 전에 여러 가지 성경 구절을 주셨다. 그 중에 한 구절은 계시록 3장 8절과 10절의 말씀이었다.

"볼지어다 내가 네 앞에 열린 문을 두었으되 능히 닫을 사람이 없으리라. 내가 네 행위를 아노니 네가 작은 능력을 가지고도 내 말을 지키며 내 이름을 배반치 아니하였도다. 네가 나의 인내의 말씀을 지켰은즉 내가 또한 너를 지키어 시험의 때를 면케 하리니 이는 장차 온 세상에 임하여 땅에 거하는 자들을 시험할 때라."

주님이 나에게 미국에 갈 것이라고 말씀하신 후에도 모든 것은 불가능하게만 보였다. 나는 결코 내 스스로 문을 열려고 하지 않았고 오직 문을 여시는 분을 기다렸다. 이 이야기는 책의 앞에서 이미 읽었을 것이다.

환경을 통해서 말씀하시다

하나님은 우리에게 환경을 통해서도 말씀하신다. 많은 경우에 있어서 하나님은 다른 방법으로는 말씀하지 않고 환경을 통해서 한 가지 길 외에는 선택의 여지가 없게 만든다. 그럴때 우리는 그 길을 가야만 한다.

잠언 3장 6절을 보자. "너는 범사에 그를 인정하라 그리하면 네 길을 지도하시리라."

하나님은 종종 우리가 환경을 통해서 주님을 알기를 원하신다. 그분은 어떤 환경도 좋게 만드실 수 있다. 성경 로마서 8장 28절은 이렇게 말한다.

"우리가 알거니와 하나님을 사랑하는 자 곧 그 뜻대로 부르심을 입은 자들에게는 모든 것이 합력하여 선을 이루느니라."

지체간의 교제를 통해서 말씀하시다

대개의 경우 우리는 개인적으로 하나님의 인도하심을 받는다. 그렇지만 그리스도인들의 모임을 통해서 인도함을 받는 것도 중요하다. 인도네시아 크리스찬들은 하나님으로부터 들은 것을 모임에서 형제자매들 앞에 내어놓기를 중요하게 여긴다. 이것을 '모임을 통한 인도'라고 부른다. 우리는 이렇게 하기 전에 결코 개인적인 인도하심을 받아들이지 않았다.

사도행전 13장 2절과 3절은 매우 의미가 깊다.

"주를 섬겨 금식할 때에 성령이 가라사대 내가 불러 시키는 일을 위하여 바나바와 사울을 따로 세우라 하시니 이에 금식하여 기도하고 두 사람에게 안수하여 보내니라."

하나님이 바울과 바나바에게 복음전파의 사명을 맡기신 것은 오래 전의 일이었다(행 9:15). 그러나 그들은 주님이 모임을 통해 말씀하시기까지는 움직이지 않았다. 이것이 안전한 방법이다. 개인적인 인도하심도 좋은 것이지만 반드시 모임을 통해서 확인 받도록 해야 한다. 이런 방법을 통해서 하나님은 우리가 그의 뜻을 잘못 알고 방황하는 것에서 지키신다.

그리고 그런 방법은 사람을 겸손하게 만든다. 하나님께서 당신에게 말씀하셨다고 해서 "나는 누구의 도움도 필요없다"고 한다면 정말 위험하다. 이렇게 되면 사단이 당신을 방황하게 만들고 그 결과 예수를 위한 열매는 잃게 되기 쉬운 것이다.

16
주 예수의 부르심

내가 인도네시아에 있을 때 한 신학교 4학년 학생과 대화를 한 적이 있다. 나는 그에게 신학교에 입학한 동기가 무엇인가 물어보았다. 그의 대답은 신학교와 대학교는 같은 것이기 때문에 입학했다는 것이었다. 그는 대학교에 응시했다가 실패하고 산업대학에 마저 낙방했다. 마지막으로 그는 신학대학에 응시했는데 합격한 것이었다.

"졸업을 하게되면 나는 큰 교회의 목사가 되어 돈을 벌 겁니다." 그의 말이었다. "솔직히 말해서 나는 신학교나 대학교나 큰 차이가 있다고 보지 않습니다. 대학을 졸업하면 국가와 사회를 위해서 일하며 보수를 받게 되고 신학교를 졸업하면 교회에 봉사하는 목사가 되어 돈을 법니다. 이것이 내가 이 학교에 다니는 중요한 이유지요"

요즘은 신학교나 신학원에 이처럼 잘못된 동기를 가지고 다니는 학생이 많다. 많은 사람들이 진학을 위한 최후의 수단으로 신학대학에 입학하며 그들이 할 수 있는 유일한 일로 신학교에 다닌다. 그리고 신학교의 학장이 입학을 허가하면 그것을 하나님 뜻으로 생각한다. 그러나 하나님의 종이 되려면 학교에 입학하는 것 이상의 그 무엇이 있어야 한다.

로마서 1장에서 바울은 이렇게 말한다.

"예수 그리스도의 종 바울은 사도로 부르심을 받아 하나님의 복음을 위하여 택정함을 입었으니 이 복음은 하나님이 선지자들로 말미암아 그의 아들에 관하여 성경에 미리 약속하신 것이라. 이 아들로 말하면 성결의 영으로는 죽은 자 가운데서 부활하여 능력으로 하나님의 아들로 인정되셨으니 곧 우리 주 예수 그리스도시니라. 그로 말미암아 우리가 은혜와 사도의 직분을 받아 그 이름을 위하여 모든 이방인 중에서 믿어 순종케 한다"(롬 1:1-5).

바울은 하나님이 그를 유대인과 이방인에게 구원의 메시지를 전파하는 사도의 특권을 주신 것이 돈으로 된 것이나 큰 명예로 된 것이 아님을 알았다. 그것은 주 예수 그리스도의 특별한 부르심이었다.

갈라디아서 1장 1절에서도 바울은 같은 말을 한다.

"사람들에게서 난 것도 아니요 사람으로 말미암은 것도 아니요 오직 예수 그리스도와 및 죽은 자 가운데서 그리스도를 살리신 하나님 아버지로 말미암아 사도된 바울은"

그의 모든 서신에서 바울은 그의 사도됨을 하나님의 특별한 부르심에 의한 것임을 아주 분명하게 적고 있다. 나도 나에게 하나님의 부르심을 듣게 하시고 하나님이 나를 놀라운 목적을 위해 세우셨음을 알게 하시고 지금껏 옳은 길을 가게 하신 주님께 감사를 드린다. 만일 어떤 사람이 그를 부르신 하나님의 목적을 모르고 부르심도 없이 신학교에 다닌다면 정말 위험한 상태이다. 그런 사람은 자신의 생애를 운명에 맡기고 살아가는 사람인 것이다.

나는 지난달에 미국의 어느 유명한 신학원에서 몇 명의 학생들과 이야기했었다. 나는 그들에게 "당신은 왜 이 명문 신학원에 입학하셨습니까?"라고 물었다. 어떤 학생들은 하나님의 뜻을 알기 위해서 왔으며 하나님께서 그들을 인도하실 것을 믿기에 입학했다고 대답했다. 또 어떤 학생들은 부모님이 신학을 하기 원하고 자신도 이 학교가 마음에 들어서 입학했다고 말했다.

나는 그런 이유들로 신학원에 가야 한다고는 믿지 않는다. 누구든지 신학을 하려면 반드시 그 이유를 알아야 한다. 분명한 부르심이 있어야 한다. 그렇지 않으면 여러 해 후에 신학교에서의 준비와 가르침이 아무 쓸모가 없게 될 것이다. 특별한 부르심을 받고 하나님께서 자신에게 원하시는 뜻을 알고 신학을 하는 사람이어야 하나님의 목적에 합당한 길로 자신을 준비할 수 있다. 나는 이 책을 읽는 젊은 형제 자매들에게 간곡히 부탁한다. 막연히 어느 날에 하나님께서 당신을 어떤 방향으로 부르실 것으로 생각하지 말고 당신의 생애를 위한 하나님의 뜻을 알기 위해 간절히 기도하라.

천국이냐 지옥이냐

부흥이 있기 전까지는 우리가 하는 모든 일이 뜬 구름 잡기식이었다. 사람들이 나에게 와서 "당신 천국에 갈 것 같소?" 하고 물으면 나는 "그렇게 생각합니다. 혹은 적어도 그렇게 되기를 희망합니다"라고 대답했다.

어떤 사람들이 묻기를 "지옥에 갈 것 같지는 않소?" 하면 나는 "물론 그렇게 되기를 원치 않습니다. 내 뜻과는 상관없이 아마 나는 지옥에 갈지도 모릅니다. 그러나 나는 그것을 원치 않습니다"라고 대답했다.

우리는 보장도 없고 확실성도 없는 상태에서 신앙생활을 하고 있었다. 확고한 기초도 없이 신앙하고 있었던 것이다.

내가 중학교 다니던 시절, 한 친구가 물었다.

"너 죽으면 천국에 가니 지옥에 가니?"

나는 생각해 보았다. - 아마 나는 천국에 갈 것이다. 그렇지만 나는 그렇게 착하지도 못한데…… - 그래서 마음속으로 나는 지옥에 갈 것 같은 공포심도 가졌다.

"확실하게 알았으면 좋겠다." 옆의 친구가 말했다.

"좋아" 다른 친구가 맞장구 쳤다.

"우리 중에 누가 천국과 지옥에 가는 문제를 대답할 수 있겠니?"

나는 매우 당황했다. 그러자 한 친구가 이렇게 대답했다.

"아, 그런 것은 잊어버려. 우리는 기다리기만 하면 돼. 예수님이 다시 오셔서 우리에게 천국으로 가라고 하면 '주님, 감사합니다' 하고 천국으로 가면 돼. 그리고 만일 예수님이 오셔서 지옥에 가라고 하시면 우리는 아마 지옥에 가면서 그를 찬송할 수 있을거야. 그런 것은 이제 잊어버려."

그래서 우리는 각자 예수님이 오실 때까지 기다려 보자는 생각으로 헤어졌다. 그러나 이 친구가 한 말이 여러 해 동안 나를 괴롭혔다. 나는 생각에 잠겼다. - 예수님이 오실 때까지 기다리라는 내 친구의 말은 옳은 것 같아. 그러나 나는 그 생각에 찬성할 수 없어. 왜냐하면 예수님이 나를 지옥에 가라고 할 수도 있기 때문이야 - 다음날 나는 교회에 가서 선교헌금을 드리고 기도했다. 교회에 앉아서 곰곰이 생각해 보았다 - 나는 선교사가 될 거야. 그런데 여러 가지 우상 때문에 선교하느라 고통을 받고서도 예수님이 나에게 "멜, 지옥으로 가라"고 하신다면…. 오 - 오 절망. - 이 생각은 나를 절망시켰다.

"이것은 무서운 일이야. 내가 죽은 후에 어디에 갈 것인가를 알아봐야겠다."

한편으로는 이렇게 생각하기도 했다. - 예수님이 나를 천국에 보내실지도 모른다. 그렇지만 지금 나는 내 멋대로 살고 있다. 어느 날 예수님이 오셔서 나를 천국에 가라 하시면 나는 깜짝 놀랄 것이다. - 그래서 나는 이렇게 기도했다. "주님, 저는 제 멋대로 이 세상을 살았습니다. 그러니 어떻게 저를 천국에 보내실 수 있겠어요. 저는 그런식으로 천국에 가고 싶지는 않습니다."

이 문제로 나는 7년 동안을 고민했다. 어느 날 이렇게 간구했다.

"주님, 제가 죽은 후에 어디에 갈지 알려 주세요. 만일 주님이 천국에 갈 것이라고 하면 저는 지금 천국인처럼 살 것입니다. 그리고 지옥에 가라고 하시면 지금부터 지옥에 갈 사람처럼 살 것이에요. 예수님, 확실히 알려 주세요."

예수를 위해 죽는 것은 쉽지만 예수를 위해 사는 것은 어렵다. 오랫동안 예수를 위해 사는 것은 더욱 어려운 일이다. 나는 기도했다. "주님, 제가 죽은 후에 어디에 갈지 확실히 알려 주시면 저는 진정 당신을 위해 살기 원합니다."

그 후 7년이 지나서 주님은 나의 눈을 열어 성경에 있는 희망과 확증을 보여주셨다. = 나는 천국에 가게 된다 = 1965년은 내 생애에 가장 멋진 해였다. 그 해 나는 주 예수를 나의 구원자로 영접했다. 나는 예수님께 고백했다.

"오, 주님. 그동안 제 생각대로 살아온 저의 죄를 회개합니다. 이제 예수님을 나의 왕이요. 나의 주인으로 마음속에 영접합니다." 그리고 찬송했다. "오, 기쁜 날. 오, 기쁜 날 주 예수 나의 죄를 씻긴 날"

그 날부터 그 찬송이 나의 특별한 찬송이 되었다. 그것은 나의 이름이 천국에 기록되었다는 감격이 가슴속에서 우러나오는 찬송이었다.

사악함에 대한 경고

나는 부모님 방에서 어떤 잡지를 읽다가 에스겔서 33장 8절과 9절을 보았던 것을 기억한다.

"가령 내가 악인에게 이르기를 악인아 너는 정녕 죽으리라 하였다하자 네가 그 악인에게 말로 경고하여 그 길에서 떠나게 아니하면 그 악인은 죄악 중에서 죽으려니와 내가 그 피를 네 손에서 찾으리라 그러나 너는 악인에게 경고하여 돌이켜 그 길에서 떠나라 하되 그가 돌이켜 그 길에서 떠나지 아니하면 그는 자기 죄악 중에서 죽으려니와 너는 네 생명을 보존하리라."

내가 이 성경 구절을 읽는 동안에 주님이 아주 분명하게 내 마음에 말씀하셨다. "너는 나를 너의 개인적인 구주로 영접했고 구원을 받았다." 그리고 계속해서 말씀하셨다. "이제 내가 너를 이 세대에 파숫군으로 세우노라. 만일 내가 그들의 죄를 경고하지 않아서 그들이 제멋대로 살다가 자기 죄악에서 죽으면 나는 그들의 피를 네 손에서 찾으리라."

나는 이 구절을 읽으면서 미친 듯이 흥분했다. 책을 내어 던져버린 나는 밖으로 나가서 주님께 항의했다.

"하나님, 나는 솔직히 이 구절을 받고 싶지가 않습니다."

"멜, 그 이유가 무엇이냐?"

나는 대답했다. "그것은 어리석은 짓이기 때문입니다. 왜 다른 사람의 피를 내 손에서 찾으십니까? 만일 주님이 나의 잘못 때문에 나에게 피를 요구하시면 복종할 수 있습니다. 그러나 다른 사람의 잘못을 가지고 나에게 피 값을 요구하는 것에는 따를 수 없습니다."

그때 나는 크리스찬 잡지에서 '심프슨' 박사의 칼럼을 읽고 있었던 것이었다. 그의 이 구절에 관한 견해는 나를 너무나 분노하게 했으며 결국 잡지를 집어 던지게 만들었다. 나는 하나님이 어떻게 우리에게 그런 것을 요구할 수 있는지 도저히 이해되지 않았다. 1시간 30분쯤 밖에서 서성대던 나에게 성령께서 오셔서 마음을 감동시켰다. 나는 주님의 평강으로 가득 찼다.

나는 생각에 잠겼다 – 자, 다시 방에 들어가서 잡지를 찾아 심프슨 박사의 글을 읽어보자 – 나는 그때 심프슨 박사의 글을 중간쯤까지만 읽었던 것이다. 다시 잡지를 집어든 나는 그 칼럼을 계속 읽어 내려갔다. 전혀 동의할 수 없는 내용의 연속이었다. 그러나 성령께서 거듭거듭 그 말을 나에게 주셨다. 나는 계속 부인했다.

"나는 동의하지 않는다."

"나는 결코 동의할 수 없다."

그러나 그 칼럼의 말씀들은 나를 꼼짝 못하고 동의하게 만들었다. 성경은 만일 내가 그들에게 경고한다면 그들이 자신의 죄악 중에서 죽어도 너는 구원을 받는다고 말하고 있다. 심프슨은 그것을 구원받은 사람들이 이 세상 사람들을 위해 복음을 전파할 위대한 특권으로 표현했다.

결국 나는 이렇게 고백했다. "주님, 만일 이것이 크리스찬의 의무이고 제가 크리스찬이기 때문에 복음을 전해야 한다면 저는 복음을 전하기 원합니다. 저는 다른 사람의 피 값으로부터 저를 구해야겠습니다." 그리고 계속 간구했다. "오, 예수님. 저에게 복음을 전파하러 나갈 길을 열어 주옵소서."

그 후 6개월 동안은 하나님께서 나의 복음 전하는 것을 허락치 않으셨고 복음을 전할 모든 문은 닫힌 것처럼 보였다. 그 이유를 아는가?

나의 동기가 계속 악했기 때문이다. 나는 결코 하나님의 부르심을 듣지 못했다. 나는 '주님, 저는 복음 전하기 원합니다'고 했지만 주님을 사랑하고, 사람들을 사랑하고, 영혼들을 사랑한 것이 아니었다. 나는 오직 성경에서 말한 하나님이 내 손에서 요구할 피 값으로부터 도망하기만 원했던 것이다.

후에 주님은 내가 복음을 전할 선한 동기가 없다는 것을 알도록 해주셨다. 바울은 고린도후서 5장 14절에서 복음을 전하는 유일한 동기를 말한다.

"그리스도의 사랑이 우리를 강권하시는도다…"

다시 말하면 우리 가슴속에 있는 그리스도의 사랑이 우리를 강하게 하고 강요하고, 할 수 있게 하고, 힘을 주어서 주를 위해 복음을 전하도록 한다는 것이다.

결국 주님은 나의 잘못된 생각을 바로잡고 그의 사랑을 내 마음에 부어 주셨다. 그 후 나는 내가 어디에서 주를 위해 봉사하기 원하는지를 몰랐기 때문에 다시 그 부분에 대해 주님의 인도하심을 간구하기 시작했다.

의학 박사가 되고픈 유혹

그 때에 나는 의학 박사가 되기 위해 모스크바에 갈 생각으로 러시아 장학금을 받아 놓은 상태였다. 온 가족이 이 일을 기뻐했고 나 자신도 의사가 되고 싶었다. 왜냐하면 아시아의 국가에서는 의사가 된다는 것은 아주 부유한 사람이 된다는 뜻이기 때문이다. 사실 우리나라의 의사들은 아주 만족한 생활을 하고 있었다.

나는 의사가 되겠다는 마음을 굳혔다. 이미 러시아의 장학금도 확보되었다. 그래서 나는 하나님께 내가 외국에 가서 공부할 수 있도록 해

주실 것을 요구하기 시작했다. 그러자 하나님께서 성경을 통해서 말씀을 주시기 시작했는데 하나님이 나를 주의 종이 되기 원한다는 달갑지 않은 느낌을 갖게 되었다.

"주님 내가 의사가 되면 헌금을 많이 하겠습니다."

주님이 내게 물었다. "얼마나 헌금하려고 하니?"

"예. 버는 돈의 10% 정도 할 겁니다."

"아니다. 나는 돈이 필요 없다."

"하나님, 10%가 아니면 20%는 어떻습니까?"

"아니다. 20%도 필요 없다. 나는 너의 돈을 원치 않는다."

다시 내가 말했다. "30%는 어떻습니까?"

그는 "아니다"라고 대답하셨다.

"50%는 어떻습니까? 나는 모든 환자들에게 복음을 전할 것이고 내가 버는 수입의 50%를 헌금하겠습니다. 그러면 좋지 않겠습니까?"

"아니다. 나는 네가 전적으로 나의 일만 하는 사람이 되기를 원한다." 주님이 말했다.

나는 항의했다. "주님, 그것은 미친 짓입니다. 당신은 다른 사람들은 의사가 되어서 선교사를 위해 헌금하게 하셨습니다. 그런데 왜 저만 안 됩니까?"

그리고 나는 다른 제안을 했다. "60%나 70%는 어떻습니까? 저는 제 몫으로 오직 30%만 사용할 것입니다. 예수님, 당신은 이 제안을 받아들이는 것이 좋습니다. 더 깊이 생각해 보세요. 이것은 저의 진정한 희생입니다."

"아니다. 사랑하는 아들아 나는 너의 돈을 원하는 것이 아니라 너를 원한다." 주께서 분명히 말씀하셨다.

- 음, 주님께서 나를 원하시는 것은 어쨌든 좋은 일이다 -

결국 나는 이렇게 기도했다.

"좋습니다. 주님, 저는 저 자신을 당신께 드리겠습니다. 그러나 분명한 것을 알기 원합니다. 제가 당신의 어떠한 종이 되기 원하는지 분명한 인도를 해주세요. 왜냐하면 러시아 정부에서 저에게 모스크바에 가서 의사가 되도록 기회를 준 것은 매우 큰 것이기 때문입니다."

그 후 얼마 지나지 않은 1965년 5월 28일 나는 이렇게 기도하고 있었다.

"오, 주님. 정확한 답을 주옵소서. 만일 제가 정확하게 응답을 받으면 저는 복음을 전하러 갈 것입니다. 저는 주님의 뜻을 거스르기를 원치 않고 당신의 분명한 인도를 바랍니다. 주님, 저는 내일 아침까지 응답을 받아야겠습니다."

마침내 주님은 응답하셨다. 아침 5시였다. 나는 잠에서 깨어 침대 밖으로 나가려 했다. 그런데 매우 강력한 어떤 힘이 나를 꼼짝 못하게 했다. 나는 혼란스러웠다. 도대체 어떻게 된 일인가? 어머니께서 가끔 마귀에 눌리는 사람이 있다고 하던 말이 기억났다. 가끔 마귀는 사람들이 잠에서 깨어나지 못하도록 억압한다고 했다.

나는 마귀가 나를 누르고 있다고 생각해서 기도했다. "오, 예수님. 이것이 마귀라면 저를 구해 주세요." 기도하는 중에 주님은 환상을 보여 주셨다. 나는 환상 속에 있는 나를 보게 되었다. 나는 곡식창고 옆에 서 있었다.

갑자기 하늘에서 십자가가 내려왔고 내 주변에는 몇 명의 소년소녀들이 놀고 있었다. 그 어린이들을 축복하는 두 손이 있었다. 나는 그 축복하는 손이 예수님 같다고 생각했다. 십자가가 변하면서 십자가 정면에 한 사람이 나타났다. 손에 못 자국은 없었다. 그 사람이 십자가 옆에 섰다. 나는 그의 발과 흰옷을 보았다. 그 얼굴은 내가 전에는

주 예수의 부르심 | 187

보지 못했던 가장 아름다운 얼굴이었다. 눈에서는 경이롭고 무한한 사랑이 흘러 나왔다.

나는 더이상 누워 있을 수가 없어서 무릎을 꿇고 주님의 다리를 껴안았다.

"오, 예수님. 저는 당신을 섬기기 원합니다. 그러나 그 방법을 모르겠습니다."

그러자 조용한 목소리가 들려왔다.

"걱정하지 말아라. 내가 너를 위한 길을 예비하리라"

나는 그 때 주 예수 그리스도께서 나에게 자신을 계시하셨고 내가 그를 섬겨야 한다는 정확한 부르심을 주셨음을 깨달았다. 그 순간 환상은 사라지고 나는 깨어났다. 주님께서 나의 기도에 응답하셨으며 "내가 너를 나의 종으로 불렀다"고 말씀하신 것이었다. 나는 의사가 되기 위해 모스크바에 유학할 생각을 버리고 전 생애를 예수 그리스도께 위탁했다. 그리고 이 마을 저 마을로 복음을 전하러 다니는 전도자의 삶을 시작했다.

나의 이야기가 당신의 생애를 위한 하나님의 뜻을 알기 위해서 특별한 환상이 필요하다는 뜻은 아니다. 내 말은 당신이 분명한 확증을 가져야 한다는 것이다. 그것은 환상, 성경말씀 혹은 설교를 통해서 올 수 있다. 방법은 여러 가지다. 그러나 당신은 하나님이 당신을 부르신 특별한 목적을 알고자 하는 욕망이 있어야 한다.

17
다시 정글로

진정한 부흥은 항상 박해를 초래한다. 성경은 말한다.

"나를 인하여 너희를 욕하고 핍박하고 거짓으로 너희를 거스려 모든 악한 말을 할 때에는 너희에게 복이 있나니 기뻐하고 즐거워하라 하늘에서 너희의 상이 큼이라 너희 전에 있던 선지자들도 이같이 핍박하였느니라."(마태복음 5:11-12).

이제 다시 고향으로 돌아갈 생각을 하면서 나는 그곳에 많은 어려움이 나를 기다리고 있음을 느낀다. 대개의 사람들은 하나님께서 다른 사람의 생애를 통해서 하신 일을 좋아하지 않는다. 하나님께서 나에게 많은 축복을 하셨기에 내가 곤경에 처할 것은 분명하다. 그러나 나는 이것이 주님으로부터 온 표적이기에 주를 찬양하나. 누가복음 6장에서 주님이 말씀하셨다. "만일 세상이 너희를 사랑한다면 너희는 세상에 속했고 만일 너희가 세상에 속하지 않았다면 세상이 너희를 증오하리라"

기독교 역사를 보아도 주님을 진정으로 사랑하고 그 분께 복종하려고 했던 성도들은 박해를 받았다. 누가복음 6장 26절을 보자.

"모든 사람이 너희를 칭찬하면 화가 있도다 저희 조상들이 거짓 선지자들에게 이와 같이 하였느니라."

만일 이 세상에 속한 사람들이 우리를 칭찬한다면 우리는 진실로 하고 있는 일을 엄격히 검토해야 한다. 하나님의 일이 항상 「티모르」에서처럼 순조로운 것은 아니다.

나는 「눈힐바」 지방에서 복음을 전하던 어느 날을 기억한다. 예배 전 기도회에서 주님은 오늘밤 약 4백 명의 사람들이 우리를 죽이려고 교회로 온다고 말씀하셨다. 그러나 걱정하지 말고 찬송과 기도를 계속하고 복음을 전하라는 위로의 약속도 주셨다.

"내가 너희를 지키리라"

그 날 밤 4백여 명의 폭도들이 칼, 곤봉 등의 흉기를 가지고 교회를 둘러쌌다. 그들은 교회를 불태울 휘발유통도 가지고 있었다. 폭도들은 연방 "죽여라!", "부셔라!"는 등의 흉악한 소리를 질러댔다. 우리는 교회 문을 잠그려고 했으나 주님은 문을 열어 놓으라고 하셨다. 폭도들은 교회로 난입하려고 시도했으나 들어오지 못했다. 마치 천사들이 문을 지키는 것 같았다.

한 사람의 폭도가 교회 안에 들어오는 것이 허용되었다. 그는 크리스(극독이 묻어 있는 칼)란 칼을 가지고 있었다. 칼끝에는 독이 발라져 있어서 누구든지 베기만 하면 곧 죽는다. 교회 안에 들어온 그는 우리를 죽이려고 칼을 휘둘렀다. 그러나 주께서 그를 어지럽게 만들어 그는 빙글빙글 돌다가 칼을 떨어뜨렸다. 그리고 밖으로 뛰쳐나갔다. 우리는 그냥 앉은 채로 주를 찬양할 뿐이었다.

그 도시에는 막 퇴근하던 한 경찰관이 있었다. 시간은 저녁 열한시 쯤이었다. 그가 그의 트럭을 몰고 귀가하던 중에 큰 길 사거리에 도달했다. 그가 사거리에 도달하기 전에 주님은 그에게 왼쪽으로 돌아 교회로 가라고 말씀하셨다.

"나의 종들이 교회에서 위험에 처해 있다."

그는 중얼거렸다. "이게 무슨 소리야. 난 지금 졸려 죽겠는데." 그리고 사거리에 오자 핸들을 오른쪽으로 꺾었다. 핸들을 왼쪽으로 꺾으면 교회로 오게 되고 오른쪽으로 꺾으면 자기 집으로 가게 되는 것이다. 그런데 그가 아무리 애를 써도 그의 차는 왼쪽으로 돌아갔다. 내가 믿기는 그 차에 그런 일은 아마 한번 밖에 일어나지 않았을 것이다. 그 경찰관은 매우 화가 났다.

"이 놈의 차가 고장이 났나?"

큰 소리가 그에게 지시했다. "너는 교회로 가야 한다. 지금 집에 가면 안 된다."

"하나님, 이 소리가 당신에게로 온 것이면 당신이 이 차를 운전하십시오. 나는 교회가 어디 있는지 모릅니다."

주께서 트럭을 왼쪽, 오른쪽으로 인도하기 시작했다. 경찰관은 손을 핸들 위에 올려놓고 발로 가속페달만 밟았다. 결국 차는 우리가 곤경에 빠져있던 교회에 도착했다.

경찰관은 교회에 도착하자 큰 소리로 모든 선교팀원들은 즉시 트럭에 타라고 소리쳤다. 밖에 서있던 군중들은 고소하게 생각했다 - 경찰관이 이 녀석들을 감옥에 집어넣을 모양이구나 - 그렇게 생각한 폭도들은 즐거워하며 선교팀이 트럭에 탈 수 있도록 길을 열어 주었다. 트럭이 출발하자 군중들은 우리가 감옥으로 가는 줄 알고 환호했다. 그들은 경찰관이 우리를 안전한 장소로 모셔 가는 줄은 생각지도 못했던 것이다.

나의 처남이 체험한 놀라운 이야기도 있다. 그가 「벌레」마을에 복음을 전하러 갔었다. 그 마을은 이교도 마을이었다. 주민들이 복음을 거부했다. 하루는 그가 복음을 전하는 중에 사람들이 돌로 치려고 했다. 돌이 비 오듯이 날아왔다. 그러나 그들이 던진 돌은 내 처남으로부터 두 발자국 거리에 돌벽을 쌓았을 뿐이다. 돌멩이 하나도 그의 몸에 닿지 못했다. 이교도들이 크게 놀랐고 이 일로 해서 주 예수를 알게 되었다. 시간이 갈수록 우리는 주께서 우리를 보호하고 계심을 많이 체험할 수 있었다.

순교자

주님을 위해 순교한 형제의 이야기다. 그도 이교도 마을에 예수를 증거 하러 갔었다. 그가 주민들에게 복음을 전하려고 말을 꺼내자마자 그들은 복음을 거부했다. 그래서 그 형제는 이웃 마을로 발걸음을 옮겼다. 여덟 명의 그 마을 주민들이 길을 가르쳐 주기 위해 그와 동행했다. 한적한 잡목 숲에 왔을 때 그 형제가 무릎을 꿇었다.

"저는 마을에 가기 전에 기도해야겠습니다."

그가 기도하기 위해 손을 들자 이교도들이 큰 칼로 오른손을 잘랐다. 그러나 그는 계속 기도했다. 왼팔도 잘려 나갔다. 그는 하나님께 저들의 죄를 용서하시도록 간구했다. 그렇게 기도하는 중에 그들은 칼로 그의 목을 쳤다. 그 형제가 인도네시아 최초의 순교자였다.

다시 정글로

미국에서 마지막 집회가 끝난 다음날 나는 비행기 안에 있었다. 사탄이 나에게 속삭였다.

"당신은 아주 위대한 설교가입니다. 고향에 가면 당신은 세계 여러 곳에 복음을 전할 선교팀을 지휘할 수 있을 것입니다. 당신은 「티모르」에서는 유일하게 전 세계를 다녀 본 사람입니다. 당신은 정말 대단한 지도자입니다."

그 순간에 주님은 아주 분명하게 경고하셨다. - 이때가 매우 위험한 때이다 - 우리는 하나님의 축복을 받으면 아주 교만해진다. 마가복음 6장을 보면 예수님이 5천 명을 먹이셨다. 그 직후에 제자들은 배를 타고 갈릴리 바다로 나간다. 거기서 그들은 큰 시험을 겪는다. 기적과 시험은 하루에 일어났던 것이다.

주님이 말씀하셨다. "멜, 너는 돌아가면 복음을 전하지 못할 것이다."

"예?" "제가 그 일에는 가장 적임자인데요?" 내가 말했다. "그들은 나의 선교 여행에 대해서, 그리고 주님이 나를 위해 베푸신 일들을 들어야 합니다. 나는 내가 주를 위해 수행할 모든 일들을 할 것입니다."

그러자 주님이 대답하였다. "아니다. 네가 해야 할 첫번째 일은 정글로 가서 너의 형제 자매들은 방문하는 것이다. 그들은 나를 위해 오랫동안 정글에서 수고했다. 너는 비행기와 차를 타고 미국 전역을 다녔다. 그렇지만 그들도 나를 위해 수백 마일의 돌길과 진흙길을 걸었다. 그들의 발은 피곤하고 멍들었으며 더러워졌다. 네가 그들을 위해 해야 할 유일한 일은 그들의 발을 씻기는 것이다. 이 일이 너를 겸손하게 만들 것이다. 너는 미국의 대도시들과 전 세계를 다녔었고 그들은 나를 위해 정글을 다녔다. 너와 그들은 차이가 없다."

"멜" 주님은 계속해서 말씀하셨다. "만일 내가 오늘날 이 세상에 있다면 나는 그들의 발을 씻겨줄 것이다. 그러나 내가 이 세상에 있지 않기 때문에 그들의 발을 씻겨줄 특권을 너에게 준다."

나는 주님께 말했다. "특권이요? 그것은 전혀 특권 같지 않군요. 그것은 겸손입니다! 그것은 저에게 어렵게 느껴집니다."

하나님이 말씀하셨다. "겸손과 낮아짐의 장소가 진정한 축복의 장소다."

결국 나는 이것이 진정한 특권임을 깨달았다. 그리고 진심으로 이 특권을 누리기로 결심했다. 왜냐하면 겸손의 장소가 가장 안전한 장소였기 때문이다.

"예, 주님. 그렇게 하겠습니다."

주님이 약속을 주셨다. "그들의 발을 씻기며 그들에게 입맞추고 겸손한 마음으로 지내라. 그곳에 있으면 내가 너를 다시 부를 것이고 복음을 전하게 하리라."

18
성령 세례 받는 법

당신이 예수를 영접했으면 성령 세례 받기를 간절히 원할 것이다. 성령 세례를 받는 것은 옳은 일이다. 왜냐하면 우리 예수님이 성령의 세례를 약속하셨기 때문이다. 우리는 제자들의 생애에서 성령 세례의 필요성을 볼 수 있다. 그들은 3년 반 동안이나 주님과 동행하며 배웠지만 예수님은 예루살렘을 떠나지 말고 아버지의 약속하신 것을 기다리라고 교훈 하셨다.

세례 요한은 요한복음 1장 33절에서 예수를 제일 먼저 '성령으로 세례를 주는 이'라고 표현했다. 지금 당신은 성령으로 충만하기 원하는 열망이 있는가?

성령 세례를 받기 위한 첫 단계는 거듭남을 확신하는 것이다. 왜냐하면 성령 세례는 오직 믿는 자에게만 허락되기 때문이다. 성경 사도행전 2장 38절을 보라. "베드로가 가로되 너희가 회개하여 각각 예수 그리스도의 이름으로 세례를 받고 죄 사함을 얻으라. 그리하면 성령을 선물로 받으리니" 이 말씀처럼 성령의 선물은 오직 주 예수 그리스도를 개인적 구원자로 영접하여 거듭난 자들을 위한 것이다. 지금 기도하라!

죄를 회개하고 죄로부터 돌아서서 예수를 여러분이 주인으로 초청하라. 만일 당신이 예수를 당신의 구원자로 확신하지 못한다면 당신은 불신자의 상태이다. 그런 상태에서 성령 세례를 간구하면 당신은 사단의 영을 받을 것이고 거짓된 영을 받을 것이다. 당신은 먼저 신자가 되어야 한다. 오직 회개하고 예수를 개인적인 구원자로 영접한 사람만이 성령의 세례를 받을 수 있다.

둘째는 당신의 마음 속에 회개하지 않은 죄가 없어야 한다. 당신이 신자임에도 마음 속에 죄가 있다면 그것을 주께 고백하고 죄를 빛 가운데로 드러내야 한다. 거듭난 당신에게 성령이 임하는 일은 매우 쉽지만 사탄이 아직도 당신을 공격할 여지가 있다. 그리고 당신 안에는 두 가지의 영이 활동하고 있다. 성령의 의지가 당신 속에서 활동하고 자신을 계시할 때가 있는가 하면 사탄의 의지도 역시 활동하고 자신을 계시한다.

성령도 말하고 사탄도 말하기에 당신은 혼란스럽다. 그래서 주님은 성령 세례를 주시기 전에 당신의 마음 속에 고백하지 않은 죄가 없기를 원하신다.

또 당신이 타인에게 용서를 구해야 하거나, 배상을 해야 하거나, 화목해야 할 일이 있으면 먼저 하는 것이 좋다. 이런 일은 예수님께 성령 세례를 구하기 전에 끝내야 한다. 마음에 쓴 뿌리나, 증오, 혹은 불화를 가지고 있는 사람은 가짜 영을 받기 쉽다. 그렇게 되면 그 사람의 생애는 늘 성령과 사탄이 싸우는 전쟁터가 될 것이다.

셋째는 당신의 삶에서 모든 사탄과의 관계를 끊어 버리는 것이다. 예를 들어 과거에 당신이 점치기, 부적, 마술, 강신술, 심령과학 등과 관련이 있었다면 이런 것들을 주 예수의 이름으로 끊어야 한다. 지금 이렇게 기도하라.

"주 예수 그리스도의 이름으로 제가 과거에 관계했던 점, 부적 (이름을 하나하나 열거하면서)들과의 관계를 끊습니다" 그리고 "나는 지금부터 이런 사탄의 권세와는 상관이 없다"고 선언하라.

당신의 생애를 완전히 주님께 의탁하고 이사야서 61장 1절의 구절처럼 포로 된 자에게 자유를 주신 예수님의 구속의 은혜에 감사하라.

출애굽기 20장 5절에서 하나님은 아비들의 죄를 아들 삼사 대에까지 이르게 하겠다고 말씀하신다. 성경은 명백히 우리 조상들의 영이 우리에게 유전한다고 가르친다. 단순하게 믿고 선언하라.

"예수 그리스도의 이름으로 나는 나의 조상으로부터 내려오는 사탄과의 관계를 끊는다"

이것은 마치 이런 이야기와 같다. 당신이 배를 사서 모터를 설치했다. 그런데 배는 강변의 코코넛 나무에 줄로 묶여 있다. 그러면 당신이 아무리 모터를 작동시켜도 배는 앞으로 갈 수 없다. 줄에 묶여 있기 때문이다. 크리스찬의 생활에 있어서도 마찬가지이다. 당신의 과거에 받은 사탄적 저주가 있으면 영적인 생활이 진보할 수 없다. 성령이 강림하여서 모터를 작동시켜도 배는 전진하지 못한다. 사탄의 올무에 묶여 있기 때문이다. 죄와 사탄과의 모든 관계를 끊음으로써 배의 줄을 끊어 버려라.

이제 네번째다. 누가복음 11장 11절에서 성경은 우리가 부모에게 빵을 달라하면 우리는 결코 돌을 받지 않을 것이라고 말한다. 또 우리는 달걀을 구하고 전갈을 받지도 않으며 물고기를 구하고 뱀을 받지도 않는다. 13절에서 주어진 약속은 "너희가 악할지라도 좋은 것은 자식에게 줄줄 알거든 하물며 너희 천부께서 구하는 자에게 성령을 주시지 않겠느냐?"는 것이다.

우리는 오직 믿음으로 성령 세례를 받는다. 하나님의 말씀이 약속한 것이기에 우리는 성령 세례를 믿고 또 받을 수 있다. 아울러 우리는 성령을 구하면 악령을 받지 않고 성령을 받게 될 것도 안다. 하나님께 대하여 이런 자신감을 가지면 우리는 그에게 성령세례를 간구하는 기도를 담대히 할 수 있다.

기억해야 할 사실은 성령으로 세례를 주시는 분은 오직 예수 한 분이라는 것이다. 많은 사람들이 성령께 기도하는 잘못을 범한다. "오, 성령이여 나에게 충만히 임하소서!" 이런 기도는 마치 풀장에 가서 물에게 세례를 구하는 것과 같다. 세례는 물에게 받는 것이 아니다. 목사님께 가서 세례를 베풀어 달라고 부탁해야 한다. 예수님은 목사님과 같은 것이다. 당신에게 물세례뿐만 아니라 성령 세례를 주시는 분도 예수인 것이다.

자, 지금 예수께 성령 세례를 위한 짤막한 기도를 드려라. 기도하면 성령은 당신께 올 것이다. 예수 그리스도께 성령 세례를 간구한 후에 그를 찬양하여라. 왜? 당신은 주님이 성령의 능력을 당신에게 주었음을 알기 때문이다. 당신의 찬양은 그의 말씀을 믿는다는 믿음의 고백이다. 주님이 행하신 일을 믿기에 당신은 찬양을 드리는 것이다.

당신이 주의해야 할 한 가지 일은 대개의 사람들은 성령 세례 받기를 주저한다는 사실이다. 그런 사람들은 이해하기는 쉽다. 그들은 경험이 없기에 두려워하고 무슨 일이 일어날지 모르기에 주저하게 된다. 당신은 걱정할 필요가 없다. 성경 디모데후서 1장 7절을 보라.

"하나님이 우리에게 주신 것은 두려워하는 마음이 아니요 오직 능력과 사랑과 근신하는 마음이니"

　당신의 마음에 두려움이 있다면 그것은 하나님께로가 아니고 마귀로부터 온 것이다. 무슨 일이 있어도 하나님은 당신을 돌보신다. 사탄은 여러번 사람들에게 사탄의 능력을 받을 것이라고 말해 그 두려움이 성령 세례를 구하는 사람들의 장애물이 되어왔다. 나는 지금 당신이 조금도 두려워하지 않기를 바란다. 당신이 성령세례를 구하고 있다면 긴장을 풀고 하나님의 약속을 의지하라. 그가 당신에게 성령을 주실 것이다.

　성령의 능력과 사탄의 능력은 차이가 있다. 당신이 사탄에 사로잡히면 사탄의 뜻대로 끌려 다니게 된다. 그러나 성령이 당신을 사로잡으면 그는 결코 강제로 일하게 하지 않는다. 그는 당신이 스스로 복종하고 기꺼이 자신을 드리기를 바란다. 당신은 성령을 구했고 믿음의 고백으로 곧바로 하나님을 찬양했다.

　성경 로마서 12장을 보면 우리는 우리 자신의 전 생애를 산 제사로 드려야 한다는 말씀이 있다. 우리는 몸과 혼과 영까지도 드려야 한다.

　우리가 성령 세례를 통해서 예수 그리스도로 가득 차면 성령은 우리의 전 인격을 다스리기 원한다. 우리의 몸도 다스리기 원한다.

　당신은 성경이 무어라 말하는지 아는가? 초원의 모든 동물은 사람이 길들일 수 있다. 「메릴랜드」에서 나는 길들여진 악어도 보았다. 그러나 사람이 다스릴 수 없는 것이 하나 있다. 바로 잘못된 혀이다. 야고보서 3장의 성경말씀에 보면 사람이 혀는 길들일 수 없다고 했다. 혀는 말의 재갈과 같다.

　당신이 만일 혀를 다스릴 수 있다면 온 몸과 전 인격도 역시 다스릴 수 있다. 성령이 임하면 그는 당신의 혀를 다스리고 사용하기 원한다.

　왜 그럴까? 성령이 당신의 혀를 다스리면 당신 전체를 다스릴 수 있기 때문이다. 우리의 혀는 너무 오랫동안 우리의 나쁜 정신과 사악한 마음의 지배를 받아 왔다. 성경은 말하기를 마음에 가득 찬 것이 입으로 나온다고 했다.

성령의 세례를 받은 후에 성령이 원하는 첫번째 일은 우리의 혀를 다스리는 것이다. 성령은 벙어리 영이 아니고 여러 가지 방법으로 자신을 계시하시는 거룩한 영이다. 한 가지 방법은 방언의 은사이다. 성령은 다른 은사들도 주기 원하신다. 지혜의 말씀, 지식, 믿음, 신유, 능력 행함, 예언, 영 분별, 방언통역 등의 은사가 바로 그것들이다.

성령은 우리의 혀가 주님을 예배하는데 사용되기를 원하신다. 하나님께서 우리 영을 다스리고 우리 영 속에 들어오셔서 우리가 산 영이 되었다. 요한복음 4장은 "하나님은 영이시니 예배하는 자가 신령과 진정으로 예배하라"고 말한다. 왜 우리는 하나님을 영으로 예배해야 하는가? 그 이유는 우리가 영으로 주님을 예배하면 우리에게 유익하며 다른 사람에게도 덕이 되기 때문이다(요한복음 4:23-24, 고린도전서 14:3).

성령 세례를 받은 후에 고린도전서 14장을 읽고 어떻게 하나님의 질서에 순종할 것인가를 배우는 것이 매우 중요하다. 성령 세례는 높은 영적인 축복과 유익의 시작에 불과하다. 성령 세례를 받으면 모든 영적 은사가 즉시 깨달아지리라고는 기대하지 말아야 한다. 당신이 성령과 동행하면 그는 당신을 이끌어 다른 사람을 섬기게 하고 서서히 자신을 드러내신다. 잠언 4장 18절 말씀이 이 진리를 말하고 있다.

"의인의 길은 돋는 햇볕 같아서 점점 빛나서 원만한 광명에 이르거니와"